Subsidiaritätsabreden in Versicherungsverträgen

VERSICHERUNGSRECHTLICHE STUDIEN

HERAUSGEGEBEN VON PROFESSOR DR. GERRIT WINTER

BAND 18

PETER LANG
Frankfurt am Main · Bern · New York · Paris

Dr. DIETER ARMBRUST

SUBSIDIARITÄTS-ABREDEN IN VERSICHERUNGS-VERTRÄGEN

PETER LANG
Frankfurt am Main · Bern · New York · Paris

Die Deutsche Bibliothek - CIP-Einheitsaufnahme

Armbrust, Dieter:

Subsidiaritätsabreden in Versicherungsverträgen / Dieter Armbrust. - Frankfurt am Main ; Bern ; New York ; Paris : Lang, 1991
(Versicherungsrechtliche Studien ; Bd. 18)
Zugl.: Hamburg, Univ., Diss., 1991
ISBN 3-631-44297-1

NE: GT

D 18
ISSN 0178-4382
ISBN 3-631-44297-1

Printed in Germany 1 . 3 4 5 6 7

Meinen Eltern

INHALTSÜBERSICHT

Seite

Seite

LITERATURVERZEICHNIS

Basedow, Klaus Hinrich	Doppelversicherung - eine rechtsvergleichende Studie Diss. Hamburg 1934
Bauer, Günter	Das AGB-Gesetz und seine Auswirkungen auf das Recht der Allgemeinen Versicherungsbedingungen (AVB), BB 1978, S. 476 ff.
Baumbach, Adolf/ Lauterbach, Wolfgang/ Albers, Jan/ Hartmann, Peter	Zivilprozeßordnung mit Gerichtsverfassungsgesetz und anderen Nebengesetzen 48. Aufl. 1990
Bergeest, Volker-Joachim	Die Vertrauensschadenversicherung in ihren modernen Erscheinungsformen Diss. Hamburg 1981
Bischoff	Rechtsfragen um die Zessions- (Umdeckungs-) Klausel in der Industrie-Feuerversicherung, VA 1951, S. 185 ff.
Blanck, W.	Über die Rechtslage bei Zusammentreffen subsidiärer Versicherungen, NeumZ 1927, S. 725 f.
derselbe	Die Entschädigungsberechnung in der Sachversicherung 3. Aufl. 1972
derselbe	Doppelversicherung bei Zusammentreffen mehrerer Versicherungen mit Subsidiaritätsklausel, VersR 1973, S. 705 f.
Borchert, Werner	Haftung des "Zweitversicherers" aus Schadensereignissen vor dem 21.6.1948 und ihre Berücksichtigung in der RM-Schlußbilanz und DM-Eröffnungsbilanz, VersR 1952, S. 8
Brandner, Erich	Schranken der Inhaltskontrolle. Zur Kontrollfähigkeit der Leistungsbeschreibung in AGB, Festschrift für Fritz Hauß zum 70. Geburtstag 1978
Bruck, Ernst	Das Privatversicherungsrecht 1930
Bruck, Ernst / Möller, Hans	Kommentar zum Versicherungsvertragsgesetz und zu den Allgemeinen Versicherungsbedingungen unter Einschluß des Versicherungsvermittlungsrechtes 8. Aufl. 1961 ff. zitiert: Bruck/Möller/Bearbeiter Bd.
Bunte, Hermann-Josef	Ergänzende Vertragsauslegung bei Unwirksamkeit von AGB-Klauseln, NJW 1984, S. 1145 ff.
derselbe	Das Urteil des BGH zur Gestaltung von Automobilvertragshändlerverträgen, NJW 1985, S. 600 ff.

Capelle, Karl-Hermann / Canaris, Claus-Wilhelm	Handelsrecht 20. Aufl. 1985
Daube, Horst	Die rechtliche Konstruktion der Kundenversicherung Diss. Hamburg 1964
Dietlein, Max Josef / Rebmann, Eberhard	AGB aktuell - Erläuterungen zum Gesetz zur Regelung des Rechts der Allgemeinen Geschäftsbedingungen 1976
Dietz, Horst	Hausratversicherung 84, 2. Aufl. 1988
Endermann, Hermann	Allgemeine Deutsche Binnen-Transportversicherungs-Bedingungen 1963, VP 1964, S. 124 ff.
Enge, Hans Joachim	Transportversicherung 2. Aufl. 1987
Erman, Walter	Handkommentar zum Bürgerlichen Gesetzbuch, 1. Band 8. Aufl. 1989
Esser, Josef / Schmidt, Eike	Schuldrecht Band I Allgemeiner Teil, 6. Aufl. 1984
Fenyves, Attila	Angehörigenklausel im Interessenwiderstreit, VersRschau 1976, S. 353 ff.
derselbe	Aktuelle Probleme der Subsidiaritätsklausel 1989
Flechtheim	Schutz durch mittelbare Versicherung, LZ 1911, Sp. 675 ff.
Flume, Werner	Allgemeiner Teil des Bürgerlichen Rechts, 2. Band Das Rechtsgeschäft, 2. Aufl. 1975 zitiert: Flume AT II
Frenz, Rainer	AGB-Gesetz und Allgemeine Versicherungsbedingungen, VersR 1979, S. 394 ff.
Gerhard, Stephan / Hagen, Otto / Knebel Doeberitz, Hugo v./ Broecker, Hermann / Manes, Alfred	Kommentar zum Deutschen Reichsgesetz über den Versicherungsvertrag 1908
Götz, Heinrich	Rechtsfolgen des teilweisen Verstoßes einer Klausel gegen das AGB-Gesetz, NJW 1978, S. 2223 ff.
Gürtler, Ferdinand	Die neuen Allgemeinen Deutschen Binnen-Transport-versicherungs-Bedingungen, ZfV 1963, S. 792 ff.
Hager, Johannes	Die gesetzeskonforme Aufrechterhaltung übermäßiger Vertragspflichten - BGHZ 89, 316 und 90, 69 JuS 1985, S. 264 ff.
Helm, Johann Georg	AGB-Gesetz und Allgemeine Versicherungsbedingungen NJW 1978, S. 129 ff.

derselbe — Zur Inhaltskontrolle von Allgemeinen Geschäftsbedingungen bei Verwendung gegenüber Kaufleuten BB 1977, S. 1109 ff.

Homann, Georg — Die Ausschließungsklauseln zweier zusammentreffender Versicherungsverträge für fremde Rechnung Diss. Greifswald 1910

Honsell, Thomas — Zweifel bei der Auslegung Allgemeiner Geschäftsbedingungen gehen zu Lasten des Verwenders, JA 1985, S. 260 ff.

derselbe — Der Regreß des Sachversicherers nach § 67 VVG bei Gebrauchsüberlassung an Dritte im österreichischen Recht, VersR 1985, S. 301 ff.

Horn, Heinz Dieter — Sozial- und Wirtschaftsrisiken im Privatversicherungsrecht, Diss. Hamburg 1983

Horn, Norbert — Die Allgemeinen Feuerversicherungsbedingungen (AFB) und das AGB-Gesetz 1984

derselbe — Die Neufassung 1984 der AGB der Banken, WM 1984, S. 449 ff.

Jordan, Gerhard v. — Doppelversicherung bei Zusammentreffen mehrerer Versicherungen mit Subsidiaritätsklausel, VersR 1973, S. 396 f.

Josef, Eugen — Schutz durch mittelbare Versicherung, ZVersWiss 1912, S. 778 ff.

Kisch, Wilhelm — Die mehrfache Versicherung desselben Interesses, Veröff. d. Deutschen Vereins für Versicherungswissenschaft, Heft 55, 1935
zitiert: Kisch Mehrfache Versicherung

derselbe — Der Tatbestand der Doppelversicherung, RheinZfZuPR 6, S. 369 ff.

Koch, Eckart / Stübing, Jürgen — Allgemeine Geschäftsbedingungen 1977
zitiert: Koch/Stübing

Köhler, H. — Anmerkung zum Urteil des AG Stuttgart vom 5. Juni 1967 (17 C 6205/67), VersR 1968, S. 661 f.

Knoerrich, F. / Dreger, J. — Hausratversicherung auf neuer Vertragsgrundlage, VA 1966, S. 175 ff.

Knütel, Rolf — Zur duplex interpretatio von Allgemeinen Geschäftsbedingungen, JR 1981, S. 221 ff.

Krampe, Christoph — Die Unklarheitenregel 1983

Kümmerlein, Heinz	Das Zusammentreffen subsidiärer Versicherungen, ZHR 98, 1933, S. 377 ff.
Lambsdorff, Hans Georg Graf	Auslegung und Bestimmbarkeit von Lieferantenvorausabtretungen, ZIP 1981, S. 243 ff.
Larenz, Karl	Allgemeiner Teil des Deutschen Bürgerlichen Rechts 7. Aufl. 1989 zitiert: Larenz AT
derselbe	Lehrbuch des Schuldrechts, Erster Band, Allgemeiner Teil, 14. Aufl. 1987 zitiert: Larenz SchuldR I
Löwe, Walter	Das Gesetz zur Regelung des Rechts der Allgemeinen Geschäftsbedingungen (AGB-Gesetz), JuS 1977, S. 421 ff.
Löwe, Walter / Graf v. Westphalen, Friedrich / Trinkner, Reinhold	Kommentar zum Gesetz zur Regelung des Rechts der Allgemeinen Geschäftsbedingungen 1977 zitiert: Löwe/Graf v. Westphalen/Trinkner
van de Loo, Oswald	Die Angemessenheitskontrolle Allgemeiner Versicherungsbedingungen nach dem AGB-Gesetz, Diss. 1987
Martin, Anton	Sachversicherungsrecht, 2. Aufl. 1986 zitiert: Martin SVR
derselbe	Montageversicherung 1972 zitiert: Martin Montageversicherung
derselbe	Zusammentreffen zweier Subsidiaritätsabreden, VersR 1973, S. 691 ff.
derselbe	Inhaltskontrolle von Allgemeinen Versicherungsbedingungen (AVB) nach dem AGBG, VersR 1984, S. 1107 ff
derselbe	Deckung des Haftpflichtrisikos in der Sachversicherung - zugleich Anmerkung zu BGH VersR 74, 535 - VersR 1974, S. 821 ff.
derselbe	Regreß des Doppelversicherers gegen den Versicherungsnehmer des anderen Doppelversicherers? - Zugleich Anmerkung zu AG Saarbrücken VersR 78, 31 - VersR 1978, S. 881 ff.
Medicus, Dieter	Haftungsbefreiung und Gesamtschuldnerausgleich, JZ 1967, S. 398 ff.
derselbe	Allgemeiner Teil des BGB, 3. Aufl. 1988 zitiert: Medicus AT
derselbe	Bürgerliches Recht, 14. Auflage 1989

Meyer- Cording, Ulrich	"Vernünftige Auslegung" von AGB, NJW 1981, S. 2338 f.
Möller, Hans	Subsidiarität, Festschrift für Karl Sieg 1976 S. 407 ff. zitiert: Möller in Festschr. f. Sieg
derselbe	Internationale Grundprinzipien des Versicherungsrechts, VersRdschau 1976, S. 342 ff.
derselbe	Praxis und Theorie der Versicherungsbetriebslehre, Festgabe für H. L. Müller-Lutz zum 60. Geburtstag 1972, S. 309 ff.
Moldenhauer	Beiträge zur Lehre von der Doppelversicherung, LZ 1909, SP. 42 ff.
derselbe	Anmerkung zu Flechtheim LZ 1911, Sp. 688 ff.
Münchener Kommentar	zum Bürgerlichen Gesetzbuch, 2. Aufl. 1984/1986 zitiert: MüKo-Bearbeiter
Ollick, Peter	Die Montageversicherung auf neuer Grundlage, VA 1972, S. 110 ff.
Palandt	Bürgerliches Gesetzbuch, 48. Aufl. 1989 zitiert: Palandt/Bearbeiter
Prölss, Erich R.	Anmerkung zum Urteil des BGH vom 11. Juli 1960 (II ZR 254/58), NJW 1960, S. 1903 f.
Prölss, Jürgen	Regreß- und Ausgleichsprobleme bei der Versicherung fremder Gebäudebestandteile im Rahmen der Hausratversicherung (§ 3 C Nr. 2 VHB) - zugleich Anmerkung zu LG Köln VersR 77, 270 - VersR 1977, S. 695 ff.
derselbe	Haftungsausschluß und Schadensausgleich, JuS 1966, S. 400 ff.
Prölss/Martin	Versicherungsvertragsgesetz, 24. Aufl. 1988 zitiert: Prölss-Martin
Prölss, Erich / Schmidt, Reimer / Frey, Peter	Versicherungsaufsichtsgesetz, Bundesaufsichtsgesetze, Kartellrecht der Versicherungswirtschaft (§ 102 GWB) und andere Nebengesetze 10. Aufl. 1989 zitiert: Prölss/Schmidt/Frey
Raiser, Rolf	Kommentar der Allgemeinen Feuerversicherungs-Bedingungen, 2. Aufl. 1937
RGRK	Das Bürgerliche Gesetzbuch mit besonderer Berücksichtigung der Rechtsprechung des Reichsgerichts und des Bundesgerichtshofes Kommentar, Band II, 1. Teil §§ 241 - 413, 12. Aufl. 1976 zitiert: RGRK - Bearbeiter

Ritter, Carl	Das Recht der Seeversicherung - Ein Kommentar zu den Allgemeinen Deutschen Seeversicherungs-Bedingungen 2. Aufl. von Abraham, Hans Jürgen 1. Band 1967 zitiert: Ritter-Abraham
Rosenberg, Leo / Schwab, Karl Heinz	Zivilprozeßrecht, 14. Aufl. 1986
Rüßmann, Helmut	Die "ergänzende Auslegung" Allgemeiner Geschäftsbedingungen, BB 1987, S. 843 ff.
Sambuc, Thomas	Unklarheitenregel und enge Auslegung von AGB, NJW 1981, S. 313 ff.
Schäfer, Frithjof	Inhaltskontrolle nach dem AGB-Gesetz bei Allgemeinen Versicherungsbedingungen, VersR 1978, S. 4 ff.
Scheinert, Jürgen	Dienstreisekaskoversicherung, VP 174, S. 8 ff.
Schirmer, Helmut	Zur Versicherbarkeit des Sachersatzinteresses in der Sachversicherung, ZVersWiss 1981, S. 637 ff.
derselbe	Das "kranke" Versicherungsverhältnis zwischen KH - Versicherer und Versicherungsnehmer, VersR 1986, S. 825 ff.
Schlosser, Peter / Coester-Waltjen, Dagmar/ Graba, Hans-Ulrich	Kommentar zum Gesetz zur Regelung des Rechts der Allgemeinen Geschäftsbedingungen 1977
Schmidt, Eike	Teil- oder Totalnichtigkeit angreifbarer AGB-Klauseln, JA 1980, S. 401 ff.
derselbe	AGB-Gesetz und Schuldvertragsrecht des BGB, ZIP 1987, S. 1505 ff.
Schmidt-Salzer, Joachim	Allgemeine Geschäftsbedingungen, 2. Aufl. 1977
derselbe	Gewährleistungsausschluß und Irrtumsanfechtung - zugleich zum Grundsatz enger Auslegung von Freizeichnungsklauseln, Vertragsstrafversprechen u. ä., JZ 1967, S. 661 ff.
Sieg, Karl	Auswirkungen des AGB-Gesetzes auf Justiz und Verwaltung im Bereich der Privatversicherung, VersR 1977, S. 489 ff.
derselbe	Anmerkung zum Urteil des BGH vom 29. Oktober 1968 (VI ZR 137/67), JZ 1969, S. 263 f.
Soergel	Bürgerliches Gesetzbuch mit Einführungsgesetz und Nebengesetzen Band 1 Allgemeiner Teil (§§ 1 - 240) 12. Aufl. Stand: Sommer 1987

Soergel	Band 2/2 Schuldrecht I/2 (§§ 433 - 515, AGB - Gesetz, AbzG, EKG, EKAG) 11. Aufl. Stand: Frühjahr 1986 zitiert: Soergel/Bearbeiter
Staudinger, J. von	Kommentar zum Bürgerlichen Gesetzbuch Einleitung zu §§ 241 ff.; §§ 241, 242; Gesetz zur Regelung des Rechts der Allgemeinen Geschäftsbedingungen, 12. Aufl. 1983 zitiert: Staud./Bearbeiter
Stiefel, Ernst / Hofmann, Edgar	Kraftfahrtversicherung, 13. Aufl. 1986
Thiele, Wolfgang	Gesamtschuld und Gesamtschuldnerausgleich, JuS 1968, S. 149 ff.
Thomas, Heinz / Putzo, Hans	Zivilprozeßordnung mit Gerichtsverfassungsgesetz und den Einführungsgesetzen, 15. Auflage 1987
Ulmer, Peter / Brandner, Hans Erich / Hensen, Horst-Diether / Schmidt, Harry	AGB-Gesetz, 5. Aufl. 1987 zitiert: Ulmer-Brandner-Hensen/Bearbeiter
Vogel, Werner	Subsidiaritätsabreden und Doppelversicherung, ZVersWiss 1973, S. 563 ff.
Vollmar, Iris-Beatrix	Beendigung von Doppelversicherungen, VersR 1987, S. 735 ff.
Wagner, Klaus	Zur Bedeutung des AGB-Gesetzes für die Gefahrbeschreibung in den Allgemeinen Unfall-Versicherungs-Bedingungen, ZVersWiss 1977, S. 119 ff.
Werber, Manfred	Die Bedeutung des AGBG für die Versicherungswirtschaft, VersR 1986, S. 1 ff.
derselbe	Die AVB im Rahmen der Diskussion über die Allgemeinen Geschäftsbedingungen, Festgabe für Hans Möller zum 65. Geburtstag 1972, S. 511 ff.
Werneburg	Gefahrausschlußklauseln in zusammentreffenden Versicherungsverträgen, Ann. d. ges. Versicherungswesens 1918, S. 345 f.; 353 f.; 361 f.; 369 f.
Wilke, Norbert Johannes	Die Grenzen des Risikoausschlusses im Privatversicherungsrecht, Diss. Köln 1976
Winter, Gerrit	Konkrete und abstrakte Bedarfsdeckung in der Sachversicherung 1962
Wolf, Manfred / Horn, Norbert / Lindacher, Walter F.	AGB-Gesetz, 2. Aufl. 1989 zitiert: Wolf-Horn-Lindacher/Bearbeiter

Wussow, Hansjoachim — Zur doppelten Subsidiaritätsklausel in zwei Versicherungsverträgen, WI 1979, S. 62

Wussow, Werner — Feuerversicherung, 2. Aufl. 1975

Wussow, Werner / Ruppert, Heinrich — Montageversicherung, 2. Aufl. 1972

Zagel, Leo — Anmerkung zum Urteil des OLG Düsseldorf vom 10. April 1979 (4 U 168/78), VersR 1979, S. 904 f.

Zöller, Richard — Zivilprozeßordnung mit Gerichtsverfassungsgesetz und den Einführungsgesetzen, mit Internationalem Zivilprozeßrecht, Kostenanmerkungen, bearbeitet von: Geimer, Gummer, Mühlbauer, Philippi, Schneider, Stephan, Stöber, Vollkommer, 15. Aufl. 1987

ABKÜRZUNGSVERZEICHNIS

A.A.	Andere Ansicht
a.a.O.	am angegebenen Orte
abl.	ablehnend
ABMG	Allgemeine Bedingungen für die Maschinen- und Kasko-Versicherung von fahrbaren Geräten
ADB	Allgemeine Deutsche Binnen-Transportversicherung-Bedingungen
AdSp	Allgemeine Deutsche Spediteur-Bedingungen
a.E.	am Ende
AERB 87	Allgemeine Bedingungen für die Einbruchdiebstahl- und Raubversicherung
AFB 87	Allgemeine Bedingungen für die Feuerversicherung
AG	Amtsgericht
AGB	Allgemeine Geschäftsbedingungen
AGB (G)esetz	Gesetz zur Regelung des Rechts der Allgemeinen Geschäftsbedingungen
AHB	Allgemeine Versicherungs-Bedingungen für die Haftpflichtversicherung
AKB	Allgemeine Bedingungen für die Kraftverkehrsversicherung
AMB	Allgemeine Maschinenversicherungs-Bedingungen
AMoB	Allgemeine Bedingungen für die Montage-Versicherung
Anh.	Anhang
Anm.	Anmerkung
Ann.	Annalen
ARB	Allgemeine Bedingungen für die Rechtsschutz-Versicherung
Art.	Artikel
AStB 87	Allgemeine Bedingungen für die Sturm-Versicherung
AT	Allgemeiner Teil
AUB	Allgemeine Unfallversicherungsbedingungen
Aufl.	Auflage
AVB	Allgemeine Versicherungsbedingungen
AVB RG	Allgemeine Bedingungen für die Reisegepäck-Versicherung
AVBSP 76 / 85	Allgemeine Bedingungen für die Versicherung von Juwelen, Schmuck- und Pelzsachen im Privatbesitz
AWB	Allgemeine Bedingungen für die Versicherung gegen Leitungswasserschäden
BAV	Bundesaufsichtsamt für das Versicherungs- (bis 1973: und Bauspar-) wesen
BB	Der Betriebs-Berater
Bd.	Band
BGB	Bürgerliches Gesetzbuch
BGH(Z)	Bundesgerichtshof (Entscheidungen des Bundesgerichtshofs in Zivilsachen)
BR	Bürgerliches Recht
BT-Drucks.	Bundestags-Drucksache
bzw.	beziehungsweise

C & F	cost and freight
C I F	cost, insuranc, freight
C I P	freight, carriage and insurance paid to ...
d.	der, die
DB	Der Betrieb
ders.	derselbe
d.h.	das heißt
Diss.	Dissertation
DM	Deutsche Mark
DTV	Deutscher Transport-Versicherungs-Verband e.V.
EC	extended coverage
ED	Einbruchdiebstahl
Einl.	Einleitung
e. V.	eingetragener Verein
evtl.	eventuell
f.	für
f. ff.	folgende
F A S	free alongside ship
F O B	free on board
F O R	free on rail
F O T	free on truck
Fußn.	Fußnote
gem.	gemäß
ges.	gesamt
GG	Grundgesetz für die Bundesrepublik Deutschland vom 23. Mai 1949
ggfs.	gegebenenfalls
HandelsR	Handelsrecht
Hans OLG	Hanseatisches Oberlandesgericht
Hans RGZ	Hanseatische Rechts - und Gerichts - Zeitschrift
i.	in
i.d.R.	in der Regel
i.E.	im Ergebnis
i.e.S.	im engeren Sinne
i.S.d.	im Sinne des
i.S.v.	im Sinne von
i.V.m.	in Verbindung mit
JA	Juristische Arbeitsblätter
Jahrg.	Jahrgang
JR	Juristische Rundschau
JRPV	Juristische Rundschau für die Privatversicherung - bis 1943 -
JuS	Juristische Schulung
JW	Juristische Wochenschrift
JZ	Juristenzeitung
Kfz	Kraftfahrzeug
Kl.	Klausel
KVO	Kraftverkehrsordnung für den Güterfernverkehr mit Kraftfahrzeugen
lfd.	laufende
LG	Landgericht
Lit.	Literatur
LZ	Leipziger Zeitschrift für Deutsches Recht
m.a.W.	mit anderen Worten
MBKK	Allgemeine Versicherungsbedingungen für die Krankheitskosten- und Krankenhaustagegeldver-

	sicherung (Musterbedingungen)
Mitt.	Mitteilungen
Montagevers.	Montageversicherung
MüKo	Münchener Kommentar
m.w.N.	mit weiteren Nachweisen
NeumZ	Neumanns Zeitschrift für Versicherungswesen
NJW	Neue Juristische Wochenschrift
Nr.	Nummer
öOGH	Oesterreichischer Oberster Gerichtshof
OLG	Oberlandesgericht
PflVersG	Gesetz über die Pflichtversicherung für Kraftfahrzeughalter vom 5. April 1965
Pkw	Personenkraftwagen
RG(Z)	Reichsgericht (Amtliche Sammlung der Reichsgerichtsrechtsprechung in Zivilsachen)
RGRK	Das Bürgerliche Gesetzbuch, Kommentar herausgegeben von Reichsgerichtsräten und Bundesrichtern
RheinZfZuPR	Rheinische Zeitschrift für Zivil - und Prozeßrecht
RM	Reichsmark
Rspr.	Rechtsprechung
Rz.	Randziffer
S.	Satz / Seite
Sachvers.	Sachversicherung
SchuldR	Schuldrecht
s.o.	siehe oben
sog.	sogenannte
Sp.	Spalte
ständ.	ständige
Staud.	Staudinger
StPO	Strafprozeßordnung in der Fassung vom 7. Januar 1975
StVG	Straßenverkehrsgesetz vom 19. Dezember 1952
StVO	Straßenverkehrs-Ordnung vom 16. November 1970
SVR	Sachversicherungsrecht
SVS	Speditions-Versicherungsschein
Transportvers.	Transportversicherung
u.a.	unter anderem
u.U.	unter Umständen
v.	vom
VA	Veröffentlichungen des Reichsaufsichtsamtes für Privatversicherung, ab 1947: ... des Zonenamtes des Reichsaufsichtsamtes für das Versicherungswesen (Hamburg), ab 1952: des Bundesaufsichtsamtes für das Versicherungs- und Bausparwesen
VAG	Gesetz über die Beaufsichtigung der privaten Versicherungsunternehmungen und Bausparkassen
VersR	Versicherungsrecht
VersRdschau	Versicherungsrundschau (Oesterreich)
v.H.	vom Hundert
VHB 84	Allgemeine Hausratversicherungsbedingungen
VN	Versicherungsnehmer
Vorbem.	Vorbemerkungen
VP	Versicherungspraxis
VVG	Gesetz über den Versicherungsvertrag vom 30. Mai 1908

WallmannsZ	Wallmanns Versicherungszeitschrift
WI	Hansjoachim Wussow, Informationen zum Versicherungs- und Haftpflichtrecht
WM	Wertpapier-Mitteilungen
z.B.	zum Beispiel
ZfV	Zeitschrift für Versicherungswesen
ZHR	Zeitschrift für das gesamte Handelsrecht und Konkursrecht
Ziff.	Ziffer
ZIP	Zeitschrift für Wirtschaftsrecht und Insolvenzpraxis
ZVersWiss	Zeitschrift für die gesamte Versicherungswissenschaft
z.Zt.	zur Zeit

I. Einleitung

Im juristischen Sprachgebrauch findet der Begriff der Subsidiarität heute in vielfacher Hinsicht Verwendung [1]
Der Ausdruck Subsidiarität dient dabei in aller Regel der Kennzeichnung eines Rangverhältnisses zwischen mehreren Regelungsgegenständen. Das Adjektiv subsidiär steht nach dem jeweiligen Bedeutungszusammenhang für hilfs-, ergänzungs- oder ersatzweise. Es kann auch zur Beschreibung einer Auffang-, Sekundär- oder Eventualfunktion eingesetzt werden.

Ein geläufiges und sehr anschauliches Beispiel für eine gesetzliche Subsidiaritätsregelung im Bereich des materiellen Zivilrechts bildet die subsidiäre Haftung des Bürgen gem. § 765 BGB. Gemäß § 771 BGB kann der Bürge seine Leistung solange verweigern, wie der Gläubiger nicht eine Zwangsvollstreckung gegen den Hauptschuldner erfolglos versucht hat.[2] Auch aus dem Charakter der Bürgschaft als Sicherungsmittel ergibt sich, daß der Bürge im Hinblick auf die Haftung nicht mit dem Hauptschuldner auf einer Stufe steht, sondern erst in Anspruch genommen werden kann, wenn die Forderung gegenüber dem Hauptschuldner nicht zu realisieren ist. Die Bürgenhaftung kann insofern als sekundär, ersatzweise oder auffangend bezeichnet werden.

Auch im Versicherungswesen ist das Phänomen der Subsidiarität in verschiedener Gestalt anzutreffen. Zunächst

---

1) Vgl. die ausführliche Darstellung bei Möller in Festschr. f. Sieg S. 407 ff.
2) Anders freilich bei einer selbstschuldnerischen Bürgschaft.

ist die gesetzliche Subsidiaritätsbestimmung des § 158 c IV VVG zu nennen. Gem. § 158 c I VVG bleibt im Bereich der Pflichtversicherungen die Ersatzpflicht des Haftpflichtversicherers gegenüber dem Geschädigten auch dann bestehen, wenn er dem VN gegenüber z. B. aufgrund einer Obliegenheitsverletzung leistungsfrei wäre. Die Subsidiarität dieser Verpflichtung kommt darin zum Ausdruck, daß der Haftpflichtversicherer gem. § 158 c IV VVG in einem solchen Fall nur insoweit Ersatz leisten muß, als der Geschädigte nicht in der Lage ist, von einem anderen Schadensversicherer oder einem Sozialversicherungsträger eine Entschädigungsleistung zu erlangen.

Daneben erlangt der Begriff der Subsidiarität im Versicherungswesen in erster Linie im Zusammenhang mit solchen vertraglichen Bestimmungen Bedeutung, die einer Versicherung einen nachrangigen Charakter verleihen sollen.
Derartige Subsidiaritätsabreden werden u.a. - sei es als Standardklauseln in einschlägigen Bedingungswerken oder aufgrund einer Individualvereinbarung - in Versicherungsverträge aufgenommen, um eine Doppelversicherung zu vermeiden. Vereinfacht ausgedrückt soll danach die Leistungspflicht des Versicherers davon abhängig sein, daß kein anderweitiger Versicherungsschutz besteht.
Die Beweggründe für die Verwendung von Subsidiaritätsabreden können ganz verschieden sein. Zum Beispiel kann die Subsidiarität allein im Interesse des Versicherers liegen, weil er auf diesem Wege im Fall der Doppelversicherung den Schaden allein auf den konkurrierenden Versicherer abwälzen kann und sich deshalb seine Schadenbelastung senkt. Eine Subsidiaritätsbestimmung kann aber auch den Interessen des VN entsprechen, wenn sie zu einem Prämienvorteil führt, indem Deckungsüberschneidungen vermieden werden.

Zu Beginn dieser Untersuchung sollen die unterschiedlichen Erscheinungsformen vertraglich vereinbarter Subsidiarität zunächst ihrer rechtlichen Konstruktion und wirtschaftlichen Zielsetzung nach eingeordnet werden.
Im Anschluß daran werden einige generelle Auslegungsfragen erörtert, die sich in Bezug auf die derzeit verbreiteten Subsidiaritätsabreden stellen. Die Prüfung konzentriert sich sodann auf die zivilrechtliche Zulässigkeit vertraglicher Subsidiaritätsbestimmungen unter besonderer Berücksichtigung des AGBG. Ein weiterer Hauptgegenstand der Untersuchung ist schließlich die Erörterung der Rechtsfolgen eines Zusammentreffens zweier vertraglicher Subsidiaritätsregelungen.

II. Erscheinungsformen von Subsidiaritätsvereinbarungen

Unter der Bezeichnung Subsidiaritätsvereinbarung werden sowohl hinsichtlich ihrer rechtlichen Konstruktion als auch ihrer wirtschaftlichen Zielsetzung nach sehr unterschiedliche Abreden pauschal zusammengefaßt.[1]

Nachfolgend sollen die mannigfaltigen Formen vorgestellt werden. Zugleich soll eine Abgrenzung der Subsidiaritätsabreden, welche insbesondere aufgrund ihrer Kollisionsproblematik des öfteren Gegenstand der Erörterung in Rechtsprechung [2] und Literatur [3] waren und

---

1) Vgl. die Darstellung bei Bruck-Möller/Möller § 59 Anm. 48 ff.
2) Zuletzt LG Hamburg VersR 78, 933 ff.
3) Vogel ZVersWiss 1973, S. 563 ff.; v. Jordan VersR 73, 396 f.; Martin VersR 73, 691 ff.; Blanck S. 82 ff.; Vollmar VersR 87, 737 ff.; Winter, Bedarfsdeckung i.d. Sachvers., S. 43 ff.

die man als Subsidiaritätsabreden im engeren Sinne bezeichnen könnte, von inhaltlich verwandten vertraglichen Regelungen vorgenommen werden.

1. Bestimmungen, nach denen eine Versicherung subsidiären Schutz bei Ausfall von Forderungen gegenüber Nichtversicherern bieten soll.

Zunächst sind verschiedene Formen eingeschränkten Versicherungsschutzes zu nennen, die zwar als Hilfs- oder Ausfalldeckungen konzipiert sind, aber nicht auf eine weitere Versicherung Bezug nehmen, also nicht auf die Vermeidung einer Doppelversicherung abzielen.

a) Subsidiarität gegenüber anderweitigen Schadenersatzleistungen

An beabsichtigter Nachrangigkeit hinter einer weiteren Versicherung fehlt es bei Bestimmungen, die unter Abbedingung der in § 67 VVG enthaltenen cessio legis die Ersatzpflicht des Versicherers hinter der eines Schädigers oder aus anderen Gründen Kostenpflichtigen zurücktreten lassen.[1]
Beispiele für solche Regelungen bilden Ziff. 2.2.12 AMB [2] in der Maschinenversicherung, derzufolge der Versicherer hinsichtlich Schäden, für die Dritte als Lieferant, Werkunternehmer oder aus Reparaturauftrag haften, nicht ersatzpflichtig ist, und im Bereich der Rechtsschutzversicherung § 2 III d ARB [3], nach dem solche Kosten, zu deren Übernahme bei Nichtbestehen der Rechtsschutzversicherung ein Dritter verpflichtet wäre,

---

1) Vgl. dazu Möller in Festschr. f. Sieg S. 419; Bruck-Möller/Sieg § 67 Anm. 49
2) VA 1969, S. 2 ff.
3) VA 1969, S. 66 ff.

aus dem vertraglich vereinbarten Deckungsumfang ausgenommen sind.

b) Export-Schutzversicherung

Ebenso stellt die DTV-Export-Schutzklausel [1] keine Subsidiaritätsabrede zur Vermeidung von Doppelversicherung dar.
Bei Vereinbarung der Export-Schutzklausel gewährt der Versicherer einem FOB-Verkäufer im Rahmen üblicher Transportversicherungsbedingungen Versicherungsschutz für den Fall, daß der überseeische Abnehmer den Kaufpreis nicht bezahlt.[2]
Es handelt sich bei der Exportschutzversicherung entgegen dem ersten Anschein nicht um eine Exportkreditversicherung.[3] Versichert ist vielmehr das Eigentümerinteresse des FOB-Exporteurs, welches trotz Gefahrüberganges aufgrund des Risikos weiterbesteht, daß der Abnehmer wegen Verlust oder Beschädigung der Güter während des Transportes die Einlösung der Dokumente und die Kaufpreiszahlung verweigert.[4]

---

1) "Diese Versicherung ist eine Schutzversicherung (Subsidiärversicherung) bei folgenden Lieferungsvereinbarungen:
AB WERK, FOR/FOT, FAS, FOB, C&F, AB SCHIFF, AB KAI, GELIEFERT GRENZE, FOB FLUGHAFEN, FREI FRACHTFUEHRER und FRACHTFREI.
Sie deckt lediglich das eigene Interesse des Versicherungsnehmers; sie kann für einen gemäß den Bedingungen der Police gedeckten Schaden (Verlust, Beschädigungen, Havarie-grosse) nur von ihm und nur insoweit in Anspruch genommen werden, als er hierfür die Zahlung des fälligen Kaufpreises oder die Vergütung der etwa von ihm geleisteten Havarie-grosse-Zahlung nicht erzwingen kann."
2) Vgl. Möller in Festgabe f. Müller-Lutz S. 309, 315 f.; Enge Transportvers. S. 167 f.; Bruck-Möller/Möller § 59 Anm. 50, 51
3) Enge Transportvers. S. 167 f.; Bruck-Möller/Möller § 59 Anm. 50
4) Enge Transportvers. S. 167 f.; Möller in Festgabe f. Müller-Lutz S. 315

Dadurch, daß die Ersatzpflicht für Transportschäden nur unter der Voraussetzung besteht, daß der Exporteur "die Zahlung des fälligen Kaufpreises ... nicht erzwingen kann", trägt die Exportschutzversicherung die Züge einer Sekundärversicherung.
Nur ist die Deckung nicht vom Ausfall einer weiteren Versicherung, sondern, wie gesagt, vom Ausfall der Kaufpreisforderung abhängig gemacht. Deshalb fällt die Export-Schutzklausel nicht unter die hier zu erörternden Subsidiaritätsabreden.[1]

c) Unechte Subsidiaritätsabreden

Schließlich sind von Subsidiaritätsabreden, die den Ausschluß einer Doppelversicherung zum Ziel haben, solche Bestimmungen abzugrenzen, die nicht einer tatsächlich bestehenden weiteren Versicherung den Vorrang einräumen sollen, sondern den Deckungsschutz bereits dann entfallen lassen, wenn es möglich oder verkehrsüblich ist, eine anderweitige Versicherung abzuschließen.
Derartiges regeln z.B. § 5 SVS, in dem es u.a. heißt:

Ausgeschlossen von der Versicherung sind:
... alle Gefahren, welche durch eine Transportversicherung allgemein üblicher Art hätten gedeckt werden können,

oder § 11 IV 2 a (3) AHB, demzufolge "Haftpflichtansprüche wegen Glasschäden, soweit sich der VN hiergegen besonders versichern kann", ausgeschlossen sein sollen.

Soweit solche Bestimmungen das tatsächliche Bestehen einer weiteren Versicherung, welche primär oder vorrangig sein könnte, für den Ausschluß der Ersatzpflicht oder auch nur einzelner Gefahren nicht voraussetzen,

---

1) Vgl. Bruck-Möller/Möller § 59 Anm. 51, demzufolge die Export - Schutzklausel auf der Grenze zur "echten Subsidiarität" steht.

vielmehr die Rechtsfolgen allein an die Möglichkeit oder Verkehrsüblichkeit anderweitiger Deckung knüpfen, sind sie nicht auf die Herstellung echter Subsidiarität [1] gerichtet, sondern stellen Ausschlußtatbestände eigener Art dar.

2. Subsidiaritätsbestimmungen zur Vermeidung von Doppelversicherung

Wendet man sich den als Subsidiaritätsbestimmungen bezeichneten Gebilden zu, welche Doppelversicherung ausschließen sollen, bietet sich eine Differenzierung anhand zweier übergeordneter Kriterien an.

Zum einen bestehen unter den Erscheinungen Unterschiede hinsichtlich ihrer rechtlichen Konstruktion. Zum anderen bedarf es einer Abgrenzung danach, ob mit der betreffenden Bestimmung schlicht eine mehrfache Versicherung verhindert werden soll, oder ob die Abrede eine Rangfolge unter mehreren Versicherungen schaffen und so der subsidiären Versicherung wenigstens teilweise den Charakter einer nachrangigen Auffang-, Ersatz- oder Ergänzungsdeckung verleihen soll. Dies ist u.a. eine Frage der wirtschaftlichen Zielsetzung, die mit der Regelung verfolgt wird.

a) Rechtliche Konstruktion

Die rechtstechnischen Mittel, unter deren Zuhilfenahme die Doppelversicherung vermieden werden soll, orientieren sich am Tatbestand des § 59 I VVG.

Voraussetzungen der Doppelversicherung sind eine Mehrzahl von Versicherungsverhältnissen bei Identität des

---

1) Nicht eindeutig Möller in Festschr. f. Sieg S. 419; vgl. aber auch Bruck-Möller/Möller § 59 Anm. 51, wo § 5 SVS unter sog. Grenzgebilden eingeordnet wird.

Versicherten, des versicherten Zeitraumes, des Interesses und der versicherten Gefahr.[1] Zudem muß eine Bereicherungsmöglichkeit des Versicherten dadurch bestehen, daß entweder die Versicherungssummen den Versicherungswert, oder die Summe der von jedem einzelnen Versicherer unabhängig zu erbringenden Entschädigungsleistungen den Gesamtschaden übersteigen.

Durch den Ausschluß bereits eines dieser Merkmale kann die Entstehung der Doppelversicherung und damit das Eintreten der Rechtsfolgen in Gestalt des Gesamtschuldverhältnisses verhindert werden.

Als Mittel zum Ausschluß einzelner tatbestandlicher Merkmale des § 59 I VVG kommen Risikoausschlüsse, Bedingung der Gefahrtragung, Regelungen der Versicherungsdauer, Haftungsbeschränkungen, Obliegenheiten in der Form des Verbots anderweitiger Versicherung sowie Vereinbarungen in Betracht, denenzufolge die Deckung eines Wagnisses unter der Voraussetzung einer Abtretung der Ansprüche aus einer bereits bestehenden anderweitigen Versicherung gewährt wird.[2]

Eine im älteren Schrifttum geführte Kontroverse um eine einheitliche Bestimmung der rechtlichen Einordnung von Subsidiaritätsabreden, sei es als auflösende Bedingung [3], Haftungsbeschränkung [4] oder als Risikobeschränkung [5], hat sich aufgrund der Vielfalt und Verschiedenheit der in der Praxis verwendeten und in der Literatur erörterten Typen von Subsidiaritätsabreden erledigt.

---

1) Bruck-Möller/Möller § 59 Anm. 4
2) Vgl. Bruck-Möller/Möller § 59 Anm. 48; Möller in Festschr. f. Sieg S. 415; Vogel ZVersWiss 1973, S. 564 ff.
3) Homann S. 19; Basedow S. 68
4) Werneburg in Annalen des gesamten Versicherungswesens 1918 S. 361
5) Kümmerlein ZHR 98, 1933, S. 387

Es lassen sich Beispiele für die Anknüpfung an fast jedes der Tatbestandsmerkmale des § 59 I VVG sowie auch für Kombinationen rechtlicher Institute, wie z.B. Interessen- oder Gefahrenausschluß einerseits mit einer Bedingung andererseits aufzeigen.

Ein Beispiel für den Ausschluß des Merkmals mehrerer Versicherungsverhältnisse enthält eine RG-Entscheidung vom 10.6.1910 [1], der eine Klausel zugrundelag, nach der jede Doppelversicherung die Ungültigkeit der Versicherung zur Folge haben sollte.

Die Gleichzeitigkeit der Versicherungen wird durch eine Vereinbarung vermieden, derzufolge die Versicherung ruht, solange der Versicherte im Laufe der Versicherung die versicherten Gegenstände noch anderweitig versichert.[2]

Auf das versicherte Interesse nehmen folgende Klauseln Bezug:

Die von den Hotelgästen in das Hotel eingebrachten Gegenstände sind ... insoweit versichert, als keine Entschädigung aus einer anderen Versicherung erlangt werden kann.[3]

Die durch eine besondere Juwelen-, Schmuck- und Pelzsachen-Versicherung versicherten Gegenstände sind von der Hausratversicherung ausgeschlossen.[4]

Die Identität der versicherten Gefahren wird zum Beispiel in § 2 I e ADB 1963 [5] und § 9 AVB Muster-

---

1) RG Gruchot 54. Jahrg. 1910, S. 819
2) Vgl. Urteil d. RG v. 25.10.1910 in WallmannsZ 1911, S. 41 f.
3) Vgl. Bruck-Möller/Möller § 59 Anm. 52
4) Vgl. Martin VersR 1973, S. 692
5) "Ausgeschlossen sind ... diejenigen Gefahren, gegen welche die Güter anderweitig versichert wurden (z.B. Feuer)".

kollektionen [1] beseitigt.
Ein weiteres Beispiel für die Anknüpfung an die versicherte Gefahr bildete schon § 8 der Allgemeinen Versicherungsbedingungen für den Transport auf Flüssen und Binnengewässern aus dem Jahre 1896:

Wenn die durch diese Police versicherten Gegenstände für gewisse Gefahren (z.B. Feuer) anderweitig versichert sind, so gilt die Versicherung durch gegenwärtige Police, soweit sie dieselben Gefahren deckt, erst in zweiter Linie, und es soll der anderweitig genommenen diesbezüglichen Versicherung die Priorität gebühren.

Unter anderem auf den versicherten Schaden stellt § 3 III ABMG ab:

Für Schäden, die außerhalb einer Baustelle eintreten, wird Entschädigung nicht geleistet, soweit der Schaden durch einen Anspruch aus einem anderen Sachversicherungsvertrag ... gedeckt ist.

Schließlich ist es verbreitet, die Subsidiarität an die Voraussetzung der Ersatzleistung eines anderweitigen Versicherers zu koppeln. Beispiele dafür bilden u.a. § 16 AMOB und § 2 Nr. 6 AERB 87.[2]

b) Einordnung von Subsidiaritätsbestimmungen nach ihrer wirtschaftlichen Zielsetzung

Das wirtschaftliche Motiv und die Zielsetzung der als Subsidiaritätsabreden bezeichneten Bestimmungen erschöpft sich nicht in dem insoweit übereinstimmenden Zweck, die Rechtsfolgen der Doppelversicherung abzubedingen. Die Motive für ein solches Bestreben können vielmehr ganz unterschiedlicher Art sein.

---

1) "Sind die versicherten Gegenstände gegen einzelne Gefahren, wie Feuer, Einbruchdiebstahl usw., anderweitig versichert, so gehen diese Versicherungen voran.
2) So auch noch § 3 III AVB SP 76; in den AVB SP 85 ist die Subsidiaritätsbestimmung nicht mehr enthalten.

Im Hinblick auf die Bedeutung des Begriffs subsidiär im Sinne von nachrangig, sekundär, hilfsweise oder auffangend soll aber nur dann von Subsidiaritätsabreden gesprochen werden, wenn die Versicherung durch die Regelung eine Auffang- bzw. Ersatzfunktion erhält.

Unzweifelhaft gehören danach derartige vertragliche Bestimmungen, die lediglich das gleichzeitige Bestehen anderweitigen Versicherungsschutzes durch schuldrechtlich wirkende Abreden zu verhindern suchen, nicht zu den Subsidiaritätsabreden.
Solche Bestimmungen erscheinen in Form von Obliegenheiten, deren Inhalt von einer Wiederholung der gesetzlichen Anzeigepflicht mehrfacher Versicherung [1] bis zu einem Verbot des Abschlusses weiterer Versicherungen [2] reicht, und bei deren Verletzung sich der Versicherer ein Kündigungsrecht [3] oder gar Leistungsfreiheit [4] ausbedingt, oder als Haftungsausschlüsse, welche die Leistungsfreiheit an den objektiven Tatbestand der mehrfachen Versicherung i.S.d. § 58 VVG knüpfen.[5]

Das Motiv, welches den Anstoß zu solchen Vereinbarungen gibt und allein in der Sphäre des Versicherers liegt, besteht neben dem Wunsch nach einer frühzeitigen Kenntniserlangung mehrfacher Versicherung häufig darin, einen vereinbarten Selbstversicherungsanteil zu gewährleisten.[6] Dem liegt letztlich u.a. der Zweck zugrunde, den Versicherten, soweit es sich um eine Aktivenversicherung handelt, zu einem bewußt pfleglichen Umgang mit

---

1) Vgl. z.B. § 9 Nr. 1 S. 1 AFB 87; § 8 Nr. 1 S. 1 AERB 87
2) Vgl. § 8 Nr. 2 S. 1 AERB 87 für den Fall eines vereinbarten Selbstbehalts
3) Vgl. § 9 Nr.1 S. 2 AFB 87
4) Vgl. RG JRPV 1928 S. 40
5) Vgl. RG Urteil v. 25.10.1910 WallmannsZ 1911, S. 626 f.; RG Urteil v. 10.6.1910 Gruchot 54. Jahrg. 1910, S. 819, 821
6) Vgl. Prölss-Martin § 58 Anm. 6 b; deutlich insbesondere in § 8 Nr. 2 S. 1 AERB 87

der versicherten Sache anzuhalten und im Bereich der Haftpflichtversicherung nicht zu schadenträchtigem sorglosem Verhalten zu animieren.[1] Der wirtschaftliche Zweck solcher Abreden besteht somit nicht darin, eine Versicherung als hilfsweise Auffangdeckung hinter einer anderweitigen zurücktreten zu lassen. Sie sollen vielmehr gewährleisten, daß der Versicherungsschutz als ausschließlicher, also mit einem wirksamen Selbstbehalt, oder überhaupt nicht besteht.

Ebenfalls keine Subsidiaritätsabreden stellen Bestimmungen dar, denen zufolge ein Versicherungsvertrag entweder dadurch aufschiebend bedingt ist, daß ein anderer erlischt, oder ein Vertrag bei Hinzutreten einer weiteren Versicherung endgültig erlöschen soll. Zwar wird auch durch diese Vereinbarungen eine mehrfache bzw. Doppelversicherung vermieden [2], doch sind sie nicht darauf gerichtet, eine Rangfolge unter mehreren nebeneinander bestehenden Deckungen zu schaffen, da in solchen Fällen jeweils lediglich eine Versicherung wirksam bestehen kann.

aa) Ausfall- bzw. Ergänzungsversicherungen aufgrund unselbständiger Subsidiaritätsabreden

Solche als Subsidiaritätsbestimmungen bezeichneten Abreden, die eine Versicherung im Verhältnis zu einer weiteren Versicherung nachrangig gestalten sollen, also diejenigen, die der oben erläuterten Bedeutung des Begriffs subsidiär am meisten entsprechen, lassen sich in zwei Gruppen aufteilen.

---

1) Vgl. RG Gruchot 54. Jahrgang 1910 S. 821
2) Vgl. Bruck-Möller/Möller § 58 Anm. 21; Gerhard-Hagen §§ 58 - 60 Anm. 4.3; Ritter-Abraham § 10 Anm. 12

Die Unterscheidung erfolgt danach, ob die Subsidiaritätsbestimmung, um sinnvoll vereinbart werden zu können, jeweils auf eine bereits bestehende weitere Versicherung konkret Bezug nimmt - in diesem Fall kann man von einer unselbständigen Subsidiaritätsabrede sprechen - oder nicht. Die unselbständigen Subsidiaritätsabreden werden als Bestandteil von Ausfall- oder Ergänzungsversicherungen vereinbart.

Zu den so definierten Ausfall- oder Ergänzungsdeckungen lassen sich folgende Erscheinungsformen zählen:

aaa) Zweitdeckung für den Fall der Unwirksamkeit einer Erstversicherung

Eine Versicherung wird ausschließlich für den Fall abgeschlossen, daß eine andere Versicherung rechtlich unwirksam ist.[1]

bbb) Zweitdeckung für den Fall der Insolvenz des Erstversicherers

Eine Ausfalldeckung in anderer Form liegt vor, wenn eine zweite Versicherung ausschließlich für den Fall der Insolvenz des Versicherers eines anderen bereits existierenden Vertrages genommen wird, wobei der Dekkungsumfang und die beiden Verträgen zugrundeliegenden Versicherungsbedingungen im übrigen identisch sein sollen.

Die Frage, ob durch eine solche Einschränkung im zweiten Vertrag Doppelversicherung tatbestandlich ausge-

---

1) Ein solcher Fall liegt der Entscheidung des RG vom 1.10.1930 RGZ 130 S. 47 ff. zugrunde.

schlossen werden kann, wird im Schrifttum unterschiedlich beantwortet.

Vorauszuschicken ist, daß Doppelversicherung in solchen Fällen nicht bereits deshalb ausscheidet, weil etwa die zweite Versicherung gegen eine andere Gefahr als die erste, nämlich allein gegen die Gefahr der Zahlungsunfähigkeit des ersten Versicherers genommen wäre, somit eine reine Kreditversicherung darstellte.[1] Es ist vielmehr einhellig anerkannt, daß sich die zweite Versicherung durch eine solche Abrede nicht ihrer Natur nach, z.B. Transport- oder Feuerversicherung, von der ersten unterscheidet, sondern nur in der Weise modifiziert ist, daß die Haftung des zweiten Versicherers zusätzlich unter die aufschiebende Bedingung der Zahlungsunfähigkeit des ersten Versicherers gestellt ist.[2]

Während Ritter/Abraham [3] bei derartigen Insolvenzdeckungen die tatbestandlichen Voraussetzungen der Doppelversicherung ohne nähere Begründung als gegeben, regelmäßig aber deren Rechtsfolgen als abbedungen ansehen, ist nach anderer Ansicht in solchen Fällen Doppelversicherung ausgeschlossen.

Im älteren Schrifttum[4] wird dieser Standpunkt zum Teil ohne nähere Begründung mit dem Hinweis auf eine mangelnde Gleichzeitigkeit der Versicherungen vertreten.

Kisch und Möller begründen die Nichtanwendbarkeit der Regeln über die Doppelversicherung damit, daß in diesen

---

1) So noch Kisch Rhein ZfZuPR 6, 374
2) Bruck-Möller/Möller § 58 Anm. 21; Ritter/Abraham § 10 Anm. 12; Kisch Mehrfache Versicherung S. 81
3) Ritter/Abraham § 10 Anm. 12
4) Vgl. Gerhard-Hagen §§ 58 - 60 Anm. 4.3; Bruck S. 538

Fällen die Haftungen der beteiligten Versicherer nicht gleichgeordnet[1] nebeneinander stünden, mithin keine für § 59 VVG erforderliche Mehrheit von Deckungsmöglichkeiten [2] gegeben sei.

Während Möller daraus folgert, daß unter solchen Umständen die Voraussetzungen für eine mehrfache[3] bzw. Doppelversicherung nicht vorlägen, vertritt Kisch mit Blick auf die Anwendbarkeit der Rechtsfolgen des § 59 II VVG schließlich den Standpunkt, es sei letztlich nicht entscheidend, ob beim Zusammentreffen einer unbedingten Versicherung mit einer Insolvenzdeckung bereits die Voraussetzungen der Doppelversicherung nicht erfüllt seien, oder ob die Rechtsfolgen als abbedungen gelten müßten, da aufgrund der wirtschaftlichen Wertlosigkeit der Versicherung des ersten, insolvent gewordenen Versicherers die Gefahr einer doppelten Deckung, die durch die Regeln über die Doppelversicherung vermieden werden sollte, ohnehin prinzipiell nicht bestehen könne.[4]

Hinsichtlich des Eintritts der Voraussetzungen der Doppelversicherung bei Vereinbarung einer zusätzlichen Deckung für den Insolvenzfall ist zunächst folgendermaßen zu differenzieren:

Vor Bedingungseintritt, also solange der erste Versicherer nicht zahlungsunfähig ist, besteht kein Dekkungsschutz seitens des zweiten Versicherers. In diesem Stadium kommt eine Doppelversicherung folglich selbstverständlich nicht in Betracht.

---

1) Kisch Mehrfache Versicherung S. 82; Bruck-Möller/Möller § 58 Anm. 21, § 59 Anm. 51
2) Kisch Mehrfache Versicherung S. 81 f.
3) Bruck-Möller/Möller § 58 Anm. 21
4) Kisch Mehrfache Versicherung S. 82

Mit Eintritt der aufschiebenden Bedingung hingegen entsteht die Gefahrtragungs- bzw. gegebenenfalls Ersatzpflicht des zweiten Versicherers, ohne daß die Haftung des ersten Versicherers aufgrund seiner Zahlungsunfähiglungsunfähigkeit automatisch erlöschen würde. Formal betrachtet bestünde daher nach Bedingungseintritt zweifacher, rechtlich wirksamer Deckungsschutz.[1]

Diese Konsequenz könnte für die von Ritter/Abraham vertretene Auffassung sprechen. Solch formale Betrachtung würde indes den Schutzzweck des § 59 VVG nicht genügend berücksichtigen.

Eine wichtige Funktion des § 59 VVG besteht neben der Anordnung des Gesamtschuldverhältnisses zugunsten des Versicherten darin, einer Bereicherungsmöglichkeit des Versicherten im Falle mehrerer Schadensversicherungen entgegenzuwirken.[2]
Diese Bereicherungsmöglichkeit ist bei Abschluß einer zweiten Versicherung für den Fall, in dem sich erst anläßlich eines Schadens herausstellt, daß der erste Versicherer insolvent ist, nicht gegeben, da die erste Deckung zwar formal nicht erloschen, aber wirtschaftlich wertlos ist.

Darüberhinaus ist die bei Abschluß mehrerer Versicherungen zusätzliche Gefahr einer Bereicherung, die darin liegt, daß ein Versicherer infolge betrügerischer Nichtanzeige in Unkenntnis weiterer Verträge und bereits geleisteter Entschädigungen den Schaden ein zweites Mal ersetzen könnte, hier nicht gegeben, da der zweite Versicherer notwendig Kenntnis vom ersten

---

1) Anders feilich, wenn der VN von seinem nach ständ. Rspr. bestehenden fristlosen Kündigungsrecht gegenüber dem insolventen Versicherer Gebrauch macht. Vgl. dazu Prölss-Martin § 14 Anm. 8 m.w.N.
2) Bruck-Möller/Möller § 59 Anm. 5

Vertrag haben und im Schadenfall die Voraussetzungen des Bedingungseintritts, also die Zahlungsunfähigkeit des ersten Versicherers vor Zahlung selbst prüfen wird.

Mit dem von Kisch und Möller vorausgesetzten, in § 59 VVG nicht ausdrücklich normierten Tatbestandsmerkmal der Mehrheit koordiniert nebeneinander stehender Deckungsmöglichkeiten läßt sich die Verneinung der Doppelversicherung in solchen Fällen allein jedoch nicht begründen.
Dieses zusätzliche Tatbestandsmerkmal erscheint vielmehr bereits als das Ergebnis oder die dogmatische Einkleidung des Bestrebens, die Fälle der wirtschaftlichen Wertlosigkeit aufgrund Insolvenz einerseits und der rechtlichen Unwirksamkeit der ersten Versicherung andererseits gleich zu behandeln, da die wirtschaftlichen Auswirkungen auf den Versicherten in beiden Fällen identisch sind.
Es ist die materielle Vergleichbarkeit dieser beiden Fälle selbst, namentlich der Umstand, daß es im Hinblick auf den Ausschluß einer Bereicherungsmöglichkeit des Versicherten bedeutungslos ist, ob seine Forderung gegen den Erstversicherer nichtig oder nachprüfbar nicht realisierbar ist, er also auf jeden Fall einen Schaden nur einmal ersetzt erhalten kann, die diese Gleichstellung und somit die Nichtanwendbarkeit der Regeln über die Doppelversicherung rechtfertigt.

Genauer ließe sich dahingehend argumentieren, daß durch eine solche Abrede die Versicherungssumme des zweiten Versicherungsvertrages auf den gegenüber dem Erstversicherer nicht realisierbaren Entschädigungsanteil beschränkt ist und daher die Versicherungssummen beider Verträge zusammen bei wirtschaftlicher Betrachtungsweise den Versicherungswert nicht übersteigen.

Aus diesen Gründen ist davon auszugehen, daß durch eine Vereinbarung, derzufolge ein zweiter Versicherer nur bei wirtschaftlichem Ausfall einer ersten Deckung ersatzpflichtig sein soll, die Doppelversicherung, die ansonsten durch den Abschluß der zweiten Versicherung entstanden sein würde, ausgeschlossen wird.

ccc) Exzedentenversicherung

Um eine weitere Form der Subsidiärversicherung, die notwendig eine Erstversicherung voraussetzt, handelt es sich bei sogenannten Exzedentenversicherungen.[1]

Solche Versicherungen werden abgeschlossen, um z.B. außergewöhnliche Risikospitzen abzudecken, die die Versicherungssumme des ersten Vertrages möglicherweise übersteigen. Es kann aber auch lediglich eine Staffelung der Ersatzpflicht der beteiligten Versicherer beabsichtigt sein.
Die Subsidiaritätswirkung ist bei dieser Versicherungsform an die Versicherungssumme geknüpft. Die Nachrangigkeit kommt darin zum Ausdruck, daß die Exzedentenversicherung erst nach Überschreitung der Versicherungssumme des anderen Vertrages eingreift. Die Exzedentenversicherung ist somit eine Subsidiärdeckung im Sinne einer Ergänzungsversicherung.

---

1) Beispiel: Versicherer 1 gewährt Versicherungsschutz bis zu einer Höchsthaftungssumme von DM 100.000,-. Exzedentenversicherer 2 versichert weitere DM 50.000,- über DM 100.000,-, d.h. haftet bis zu weiteren DM 50.000,- über die Versicherungssumme des Versicherers 1 hinaus, soweit dessen Versicherungssumme nicht ausreicht.
Vgl. dazu Bruck-Möller/Möller § 58 Anm. 21; Borchert VersR 1952 S. 8
Verwendung findet teilweise auch die Bezeichnung "Layer - Deckung" vgl. Prölss-Martin § 59 Anm. 6 vor A

ddd) Zessionsklausel

In die Kategorie von vertraglichen Bestimmungen, die vereinbart werden, um eine zusätzlich zu einer bestehenden Deckung genommene Versicherung im weiteren Sinne nachrangig zu gestalten, fallen auch die sogenannten Zessionsklauseln.[1]

In dem Bestreben, einen VN vor Ablauf seines mit einem Konkurrenzversicherer geschlossenen Vertrages als Kunden zu gewinnen, gewährt ein Versicherer bereits für die noch verbleibende Laufzeit, in der Regel prämienfrei, Versicherungsschutz gegen Vorausabtretung aller Ansprüche des VN aus dem Altvertrag.[2]

Dabei kann die Zahlungsverpflichtung des Neuversicherers von der Nichtleistung des Altversicherers abhängig gemacht werden.[3] Möglich ist jedoch auch eine Vereinbarung, derzufolge der Neuversicherer für jeden ersatzpflichtigen Schaden zunächst Entschädigung leistet und dann auf dem Regreßweg gegen den Altversicherer vorgeht. Nicht selten wird sich der VN dabei verpflichtet haben, die Einziehung der Forderung gegen den Altversicherer ohne Offenlegung der Zession für den Neuversicherer zu betreiben.

---

1) Vgl. Martin SVR V I 25; Prölss-Martin § 59 Anm. 6 vor A; Bruck-Möller/Möller § 58 Anm. 21; Kisch Mehrfache Versicherung S. 83 ff.; Gerhard-Hagen §§ 58 - 60 Anm. 4. 3
2) Solche Vertragsformen werden als Entwicklungspolicen bezeichnet. Vgl. Bruck-Möller/Möller § 58 Anm. 21; BAV in VA 1951 S. 180
3) Folgendes Formulierungsbeispiel findet sich bei Prölss-Martin § 59 Anm. 6 vor A:
"Lehnt der anderweitige Versicherer seine Haftung ganz oder teilweise ab, und liegt ein ersatzpflichtiger Schaden vor, so leistet der Versicherer unter Eintritt in die Rechte gegenüber diesem anderweitigen Versicherer vor."

Die Zessions- oder Umdeckungsklauseln sollen also bewirken, daß der sie verwendende Versicherer letztlich trotz gewährten Versicherungsschutzes Schäden auf den Versicherer des Altvertrages abwälzen kann. Den im Neuvertrag gewährten Versicherungsschutz könnte man daher als nachrangig bezeichnen.

Dennoch ist zweifelhaft, ob die Zessionsklauseln zu den Subsidiaritätsabreden im oben dargestellten Sinne zu zählen sind.

(1) Versicherungscharakter sogenannter Entwicklungspolicen

Zunächst ist die Frage gestellt worden, ob es sich bei dem Neuvertrag überhaupt um Versicherung im Sinne des § 1 VVG handelt.

Nach einer vom Bundesaufsichtsamt vertretenen Ansicht [1] trägt der Neuversicherer kein eigenes versicherungstechnisches Risiko. Zudem spreche die Prämienfreiheit gegen eine Versicherung. Es sei auch keine Subsidiärhaftung beabsichtigt, da der Neuversicherer im Gegenteil gerade eine Vorschußleistung erbringen wolle. Der Neuversicherer schließe vielmehr mit dem VN einen Vertrag sui generis ab.
Ein solcher Vertrag falle aufgrund der in ihm enthaltenen Zession unter das gesetzliche Abtretungsverbot aus § 399 BGB, da der Anspruch aus einem in hohem Maße dem Gebot von Treu und Glauben unterliegenden Versicherungsverhältnis nicht ohne eine inhaltliche Änderung an einen mit dem Altversicherer im Wettbewerb stehenden Versicherer abgetreten werden könne.[2]

---

1) BAV in VA 1951 S. 180; ebenso Bischoff in VA 1951 S. 185 ff.
2) BAV in VA 1951 A. 180

Nach Ansicht Möllers [1] ist eine solche Vorschußleistung gegen Vorausabtretung grundsätzlich als Darlehen aufzufassen, selbst wenn es sich bei dem Darlehensgeber um ein Versicherungsunternehmen handelt. Werde dagegen in bestimmten Fällen auf die Rückzahlung verzichtet, so stelle sich das Darlehen in Wahrheit als Gewährung subsidiären Versicherungsschutzes dar.[2]

Bei Vereinbarung einer Zessionsklausel soll der Versicherte im Falle eines ersatzpflichtigen Schadens je nach der gewählten Formulierung, wenigstens jedoch dann eine Entschädigung vom Neuversicherer erhalten, wenn die Zahlung des Altversicherers ausbleibt. Dies schließt zumindest mit ein, daß der Neuversicherer im Falle der Insolvenz des Altversicherers leisten muß, obwohl der Regreß eventuell erfolglos ist. Angesichts dessen stellt nach Ansicht Möllers eine Entwicklungspolice einen Versicherungsvertrag und kein reines Darlehen dar.

Auch Martin geht hinsichtlich der Natur des Neuvertrages offenbar von einer Versicherung aus.[3]

Wie auch in der Stellungnahme des Bundesaufsichtsamtes eingeräumt wird, enthält der Neuvertrag zumindest die Übernahme eines Delkredererisikos. Dabei handelt es sich, wie oben festgestellt, nicht um eine Kreditversicherung, sondern um bedingten Versicherungsschutz im Rahmen der jeweiligen Sparte.

Der Umstand, daß nach Angabe des Aufsichtsamtes keine Prämie erhoben wird, muß nicht gegen den Versicherungscharakter des Neuvertrages sprechen. Vielmehr steht es einem Versicherer grundsätzlich frei, prämienfreien

---

1) Bruck-Möller/Möller § 58 Anm. 21
2) Bruck-Möller/Möller § 59 Anm. 51
3) Prölss-Martin § 59 Anm. 6 vor A

Versicherungsschutz zu gewähren, wenn dies wie bei den Umdeckungspolicen aus kaufmännischer Sicht angebracht erscheint. Auch die Tatsache, daß ein Vorschuß gewährt wird, schließt die Annahme einer beabsichtigten Subsidiärhaftung nicht unbedingt aus. Die Vorschußleistung soll den VN lediglich von den Belastungen freihalten, die durch eine verzögerte Schadensabwicklung auftreten könnten. Die Frage, welcher der beteiligten Versicherer letztlich den Schaden zu tragen hat, ob also hinsichtlich der Haftungen eine Rangfolge besteht, ist damit noch nicht beantwortet. Insgesamt ist daher entgegen der von der Aufsichtsbehörde geäußerten Ansicht davon auszugehen, daß Entwicklungs- oder Umdeckungspolicen mit einer Zessionsklausel eine Versicherung i.S.d. § 1 VVG darstellen.

Diese Verträge sind auch nicht aufgrund der in ihnen enthaltenen Abtretung unwirksam. Die Abtretung einer Entschädigungsforderung aus einem Versicherungsvertrag ändert deren Charakter nicht grundsätzlich. Das Versicherungsverhältnis unterliegt zwar in besonderem Maße dem Grundsatz von Treu und Glauben [1]. Daraus läßt sich aber nicht eine besondere persönliche Beziehung zwischen Gläubiger und Schuldner des Entschädigungsanspruchs herleiten, welche Voraussetzung für den Ausschluß der Abtretbarkeit i.S.d. § 399 BGB wäre [2]. Bedenken gegenüber der Zulässigkeit der Abtretung könnten sich allenfalls aus wettbewerbsrechtlicher Sicht ergeben. Diesem Problem soll hier nicht nachgegangen werden.

(2) Subsidiaritätswirkung von Zessionsklauseln

Weiter ist umstritten, ob Zessionsklauseln geeignet

---

1) Vgl. nur RGZ 146, 221; BGHZ 40, 387
2) Vgl. Palandt-Heinrichs § 399 Anm. 2 b

sind, im Sinne einer Subsidiarität Doppelversicherung zu vermeiden.

(a) Älteres Schrifttum

Im gesamten älteren Schrifttum [1] wurde die Ansicht vertreten, daß durch eine Zessionsklausel Doppelversicherung ausgeschlossen werde.
Die Begründung zu § 59 VVG mache deutlich, daß vertragliche Abänderungen der Rechtsfolgen der Doppelversicherung nicht unzulässig seien. Freilich könne der gesetzliche Ausgleichsanspruch eines beteiligten Versicherers sicherers nicht ohne seine Zustimmung wirksam beseitigt werden. Damit sei aber nur ein bereits entstandener Ausgleichsanspruch gemeint.[2] Der VN sei hingegen nicht gehindert, mit einem anderen Versicherer den Versicherungsschutz von vornherein so zu gestalten, daß überhaupt kein Ausgleichsanspruch zur Entstehung gelangen könne.[3] Durch die Vereinbarung einer Zessionsklausel werde die von § 59 VVG vorausgesetzte Gleichstufigkeit der Versicherungen aufgehoben.[4]
Nach Ansicht Kischs, der auch in diesem Zusammenhang auf das in § 59 VVG nicht ausdrücklich genannte Tatbestandsmerkmal mehrerer Deckungsmöglichkeiten abstellt, ist der Tatbestand der Doppelversicherung im Falle der Zessionsklausel nicht erfüllt, da aufgrund der Abtretung dem Versicherten immer nur ein Anspruch zustehen könne, mithin die Bereicherungsmöglichkeit, die § 59 VVG vermeiden solle, ausgeschlossen sei.[5]
Die Zessionsklausel lasse folglich Doppelversicherung gar nicht erst entstehen. Der Neuversicherer gehe nicht aufgrund eines Ausgleichsanspruchs aus § 59 II VVG,

---

1) Kisch Mehrfache Versicherung S. 85; Gerhard-Hagen §§ 58 - 60 Anm. 4.3 u. 5; Bruck S. 547 Fn. 10
2) Gerhard-Hagen §§ 58 - 60 Anm. 5
3) Gerhard-Hagen §§ 58 - 60 Anm. 5
4) Kisch a.a.O.
5) Kisch a.a.O.

sondern aus dem abgetretenen Leistungsanspruch des Versicherten gegen den Altversicherer vor. [1]

(b) Ansicht Martins

Nach Martin [2] soll der Anspruch aus einem Vertrag mit Zessionsklausel zunächst entstehen und dann erlöschen, sobald und soweit Entschädigung aus dem anderen Vertrag geleistet wird. Es entstünden also Ansprüche gegen beide Versicherer und folglich Doppelversicherung. Wenn der Neuversicherer im Schadenfall den im Voraus abgetretenen Anspruch des VN geltend mache, könne ihm der Altversicherer den Ausgleichsanspruch aus § 59 II VVG entgegenhalten. Die Zessionsklausel sei daher nur in dem vom Gesetz gesteckten Rahmen, nämlich nach Maßgabe des Gesamtschuldnerausgleichs gem. § 59 II VVG wirksam.

(c) Stellungnahme

Anders als in den beiden zuvor dargestellten Fällen, in denen der Anspruch gegen den zweiten Versicherer unter eine Bedingung gestellt ist und so das Nebeneinander von zwei voll wirksamen Versicherungen ausgeschlossen wird, können bei Vereinbarung einer Zessionsklausel im Neuvertrag Ansprüche gegen mehrere Versicherer gleichzeitig bestehen. Zum einen erwächst im Schadenfall gegen den Altversicherer ein Anspruch, dessen Existenz als solche durch den Neuvertrag nicht berührt wird. Daneben soll dem Versicherten auch ein Anspruch gegen den Neuversicherer zustehen. Die Voraussetzungen der Doppelversicherung wären damit erfüllt.

Das ältere Schrifttum geht nun davon aus, daß zwar, sobald das Gesamtschuldverhältnis infolge Doppelversi-

---

1) Kisch Mehrfache Versicherung S. 85
2) Prölss-Martin § 59 Anm. 6 A; Martin SVR V I 25

cherung entstanden sei, nachträgliche Verfügungen nichts an den Ausgleichsansprüchen der Versicherer im Innenverhältnis ändern könnten, daß aber ein Versicherungsvertrag aufgrund der Privatautonomie von vornherein so gestaltet werden könne, daß der Versicherer weiteren Versicherern gegenüber keinen Ausgleich schulde. Bei einer derartigen Vereinbarung entbehrten die Verpflichtungen der Versicherer der Gleichstufigkeit, die Voraussetzung des Gesamtschuldverhältnisses aus § 59 VVG sei.

Bei dem in § 59 II VVG geregelten Anspruch handelt es sich um einen gesetzlichen Anspruch, dessen Entstehung an normierte Voraussetzungen gebunden ist, nämlich an die Voraussetzungen der Doppelversicherung.
Die Freiheit eines Versicherers, diesen gesetzlichen Anspruch eines anderen Versicherers in einem Vertrag mit dem gemeinsamen VN auszuschließen, ist folglich Beschränkungen unterworfen. Der Ausgleichsanspruch als zwingende Folge der Doppelversicherung kann nämlich nur durch Vermeidung der Doppelversicherung selbst, also durch Ausschluß mindestens eines ihrer tatbestandlichen Merkmale verhindert werden.
Die Merkmale der Doppelversicherung liegen jedoch auch bei Verwendung einer Zessionsklausel vollständig vor, da beide Versicherer für denselben potentiellen Schaden in Anspruch genommen werden können. Der Umstand, daß der Versicherte aufgrund der Vorausabtretung im Neuvertrag die Leistung des Altversicherers nicht für sich beanspruchen kann, ändert daran nichts, unabhängig davon, welchen Standpunkt man zu der streitigen Frage des Durchgangs- oder Direkterwerbs bei Abtretung zukünftiger Forderungen einnimmt.
Da durch eine Zessionsklausel keine der tatbestandlichen Voraussetzungen der Doppelversicherung ausgeschlossen wird, ist sie nicht geeignet, das Entstehen des gesetzlichen Ausgleichsanspruchs aus § 59 II VVG zu vermeiden. Denn allein der Vertragswille des Neuversi-

cherers, keinen Ausgleich zu schulden, beseitigt die Gleichstufigkeit der Verpflichtungen beider Versicherer nicht.
Es ist daher mit Martin davon auszugehen, daß durch die Vereinbarung einer Zessionsklausel Doppelversicherung nicht ausgeschlossen wird. Der Ausgleichsanspruch des Altversicherers aus § 59 II VVG vereitelt ein vollständiges Abwälzen der Schadenbelastung. Neu- und Altversicherer stehen vielmehr gemäß den Regeln der Doppelversicherung nebeneinander. Eine Subsidiaritätswirkung entfaltet die Zessionsklausel folglich nicht.

eee) Schutzdeckungen, z.B. Cif - Schutzversicherung

Abschließend sind im Zusammenhang mit unselbständigen Subsidiaritätsabreden die sog. Schutzversicherungen zu nennen, die Elemente aller zuvor genannten Versicherungsformen enthalten.
Es handelt sich dabei um Subsidiärversicherungen z.B. im Bereich der Transportversicherung oder auch der Montageversicherung, die von einem inländischen VN zusätzlich zu einer im Ausland bestehenden Erstversicherung abgeschlossen werden.

Die DTV-Import-Schutzklausel lautet:

1. Diese Versicherung deckt ... als Schutzversicherung lediglich das eigene Interesse des Versicherungsnehmers ...

2. Voraussetzung der Versicherung ist, daß die Güter, auf welche sich diese Schutzversicherung bezieht, gemäß CIF-oder CIP-Kaufvertrag bereits anderweitig versichert sind. Diese Schutzversicherung gilt nur hilfsweise (subsidiär), so daß Dritte (mit Ausnahme der in Ziffer 1. genannten Berechtigten) keine Rechte aus dieser Versicherung herleiten können.

3. Dem Versicherungsnehmer dieses Vertrages oder seinem Rechtsnachfolger im Sinne der Ziffer 1. gegenüber haben die Versicherer dieser Schutzversicherung im

Falle von Verlust oder Beschädigung gemäß den Bedingungen dieser Police den Schaden so zu bezahlen, als ob die aufgrund des CIF- oder CIP-Kaufvertrages anderweitig abgeschlossene Versicherung nicht bestünde. Der Versicherungsnehmer ist verpflichtet, alle Rechte gegenüber den Versicherern dieser anderweitigen CIF- oder CIP-Police nach deren Bestimmungen zu wahren und das Inkasso des unter der CIF- oder CIP-Police zu zahlenden Schadenbetrages nach den Weisungen der Versicherer dieses Vertrages entweder selbst vorzunehmen oder durch Dritte vornehmen zu lassen. ...

4. Für diese Schutzversicherung ist vorläufig die volle Prämie zu berechnen, als ob es sich um eine gewöhnliche Transportversicherung handele. ...

Der wirtschaftliche Zweck dieser Versicherungen besteht darin, eine schnelle Entschädigung zu gewährleisten und dem VN das Risiko abzunehmen, daß seine Ansprüche gegenüber dem ausländischen Versicherer, der häufig aufgrund eines gesetzlichen Versicherungszwanges eingeschaltet worden ist, nur schwer oder erst nach längerer Zeit zu realisieren sind.[1]
Über die Vorschußleistung zur Beschleunigung der Schadenabwicklung hinaus soll die Subsidiärversicherung die Fälle abdecken, in denen der VN aufgrund von Insolvenz des ausländischen Versicherers oder infolge mangelnder Währungstransferkapazität keine Entschädigungszahlung aus dem Ausland erlangen kann.[2]

Gemäß den Bedingungen leistet der Versicherer nicht erst nach Feststellung der Nichterlangbarkeit der an-

---

1) Ritter-Abraham gehen dagegen hinsichtlich sog. Schutzpolicen von einem Bürgschaftsvertrag aus. Das dort zitierte Textbeispiel stimmt allerdings mit dem Wortlaut der DTV-Import-Schutzklausel nicht überein. Vgl. Möller in Festgabe f. Müller-Lutz S. 316; Bruck-Möller/Möller § 58 Anm. 21; Enge Transportvers. S. 170 f.
2) Vgl. Möller in Festgabe f. Müller-Lutz S. 316; Enge Transportvers. S. 170

derweitigen Entschädigungszahlung, sondern unabhängig davon, als ob eine andere Versicherung nicht bestünde. Der Versicherte verpflichtet sich zugleich, die Zahlung des ausländischen Versicherers einzuziehen und an den Schutzversicherer abzuführen. Dafür werden bis zu 50 % Prämienermäßigung gewährt.[1] Diese Schutzklauseln tragen insofern die gleichen Züge wie die Zessionsklauseln. Da im Schadenfall Ansprüche des VN gegen beide Versicherer bestehen, ist davon auszugehen, daß auch die Schutzklauseln eine Doppelversicherung nicht ausschließen.[2] Der Schutzversicherer ist somit möglicherweise einem Ausgleichsanspruch des zahlenden ausländischen Erstversicherers ausgesetzt.
Ein solcher Ausgleichsanspruch besteht allerdings gem. § 59 II S. 3 VVG nur, sofern der andere Versicherer nach dem für ihn geltenden Recht auch ggfs. zur Ausgleichung verpflichtet wäre. Verschiedene ausländische Rechtsordnungen, in denen im Falle der Doppelversicherung abweichend von dem Gesamtschuld- das Prioritätsprinzip gilt, kennen einen derartigen Ausgleichsanspruch nicht.[3]

bb) Selbständige Subsidiaritätsabreden

Anders als die zuvor erörterten vertraglichen Regelungen setzen die selbständigen Subsidiaritätsabreden keinen bestimmten oder gar bereits abgeschlossenen weiteren Versicherungsvertrag voraus. Die selbständigen, also die Subsidiaritätsbestimmungen im engeren Sinne, können in jeden beliebigen Versicherungsvertrag [4]

---

1) Möller in Festgabe f. Müller-Lutz S. 316; Enge Transportvers. S. 170
2) A. A. Enge Transportvers. S. 171
3) Vgl. dazu Bruck-Möller/Möller § 59 Anm. 38; Kisch Mehrfache Versicherung S. 163 ff.; Ritter-Abraham § 10 Rz. 23 ff.
4) Sinnvoll ist dies freilich nur im Bereich der Schadenversicherung, da die Vorschriften der Doppelversicherung nur dort Anwendung finden.

aufgenommen werden. Sie sollen allein gewährleisten, daß in Fällen, in denen eine konkurrierende Deckung besteht, welche zur Doppelversicherung führen würde, den anderweitigen Versicherer abweichend von § 59 VVG eine vorrangige Ersatzpflicht trifft.[1]

Beispiele für solche Bestimmungen, die in aufsichtsbehördlich genehmigte Bedingungswerke Eingang gefunden haben, bilden § 16 AMOB, § 3 Nr. 3 ABMG und § 2 Nr. 5 AFB 87. Der Wortlaut dieser Klauseln ist nicht einheitlich gewählt. Typisch sind Formulierungen wie :

Ersatz wird nicht geleistet, soweit Entschädigung für die versicherten Sachen aus einem anderen Versicherungsvertrag beansprucht werden kann.

Sind die versicherten Gegenstände anderweitig versichert, so gehen diese Versicherungen voran.

Ausschließlich diese letztgenannte Gruppe von Subsidiaritätsregelungen, die selbständigen Subsidiaritätsabreden sind - wie bereits erwähnt - in der Diskussion über Probleme bei der Verwendung von Subsidiaritätsklauseln im neueren Schrifttum [2] angesprochen.
Im Gegensatz zu den oben erläuterten Ausfall- oder Ergänzungsversicherungen, bei deren Abschluß zwischen den Parteien bezüglich des Charakters und des Umfangs der Sonderdeckung im wesentlichen Klarheit bestehen

---

1) Die entgegengesetzte Rechtsfolge wird in § 8 Dienstreise Rahmenvertrag angeordnet; dort heißt es: "Besteht neben der Fahrzeugvollversicherung aus diesem Vertrag eine weitere Kaskoversicherung für das beschädigte Kraftfahrzeug, so hat der Geschädigte die Entschädigungsleistung in erster Linie aus diesem Vertrag geltend zu machen."
Vollständiger Text der Bedingungen zur Verwendung von Rahmenverträgen in der Kraftfahrtversicherung in VA 1973, 242 f.; vgl. dazu Scheinert VP 74, 8 ff.

2) Vogel ZVersWiss 73, 563 ff.; v.Jordan VersR 73, 396 f.; Martin VersR 73, 691 ff.; Blanck Entschädigungsberechnung i. d. Sachversicherung S. 82 ff.; Vollmar VersR 87, 737 ff.; Winter Bedarfsdeckung in der Sachversicherung S. 43 ff.

wird, und wo sich die Subsidiarität i.d.R. in kalkulierbarer konkreter Prämienersparnis [1] niederschlägt, treten allein im Zusammenhang mit den Subsidiaritätsabreden i.e.S. die nachfolgend zu erörternden Fragen der Auslegung, Angemessenheit von Leistung und Gegenleistung im Versicherungsvertrag sowie das Problem mehrerer aufeinandertreffender Subsidiaritätsbestimmungen auf.
Die nachfolgende Untersuchung beschränkt sich daher ausschließlich auf die selbständigen Subsidiaritätsabreden.

c) Einzelvertragliche Vereinbarung oder Bestandteil von Allgemeinen Versicherungsbedingungen

Eine Differenzierung von Subsidiaritätsabreden ist schließlich danach geboten, ob diese individuell vereinbart werden oder in Gestalt von vorformulierten Versicherungsbedingungen Vertragsbestandteil werden. Diese Unterscheidung hat, wie aufgezeigt werden wird, u.a. im Rahmen der Auslegung sowie aufgrund der Anwendbarkeit des AGB-Gesetzes auf Allgemeine Versicherungsbedingungen für die Beurteilung der rechtlichen Zulässigkeit von Subsidiaritätsabreden erhebliche Bedeutung.
Im Interesse der Übersichtlichkeit und besseren Verständlichkeit soll aus dieser Differenzierung in Anlehnung an Martin [2] eine sprachliche Konsequenz dahingehend gezogen werden, daß der Ausdruck *Subsidiaritätsklausel* allein vorformulierten in Geschäftsplan oder AVB enthaltenen Bestimmungen mit derartigem Inhalt vorbehalten sein soll, während die Bezeichnungen "Subsidiaritätsabrede" oder "Subsidiaritätsbestimmung" als Oberbegriffe dienen.

---

1) Vgl. zur Prämienkalkulation bei der CIF-Schutzversicherung Enge Transportvers. S. 170 f.
2) Martin VersR 73, 691

III. Subsidiaritätsklauseln und Versicherungsaufsicht

Die Versicherungsaufsicht hat von jeher gegenüber Vereinbarungen subsidiären Versicherungsschutzes eine prinzipiell ablehnende Haltung eingenommen.

Dieser Standpunkt wird in einer Vielzahl von Fällen deutlich, in denen das Reichsaufsichtsamt und in Fortsetzung dessen Politik auch das Zonen- und das Bundesaufsichtsamt entweder der Aufnahme von Subsidiaritätsklauseln in Bedingungswerke die Genehmigung versagt oder sich für eine Beseitigung solcher Bestimmungen eingesetzt haben.[1)]

Folgende Erwägungen lagen dabei der aufsichtsrechtlichen Praxis zugrunde: Gemäß § 59 VVG haften mehrere Versicherer bei Vorliegen aller Voraussetzungen der Doppelversicherung dem Versicherten als Gesamtschuldner. Es steht folglich im Belieben des Versicherten, welchen der beteiligten Versicherer er im Schadenfall in Anspruch nimmt. Die Regulierung erfolgt durch jeden Versicherer, als ob keine weitere Versicherung bestünde. Freilich kann der Versicherte gem. § 59 I VVG Entschädigungsleistungen insgesamt nur bis zur Höhe seines Schadens verlangen.

Jede Bestimmung, welche die Ersatzpflicht eines Versicherers, der grundsätzlich das betreffende Risiko übernommen habe, bei Bestehen einer weiteren Deckung einschränke oder gegebenenfalls ganz entfallen lasse, bedeute aus aufsichtsbehördlicher Sicht eine grundsätzliche Abweichung von § 59 VVG [2)], die für den Versicherten nicht tragbar sei. Bestünden zum Beispiel

---

1) VA 1924, 59 f.; 1925, 45 f.; 1929, 84; 116; 1930, 126; 1931, 131 f.; 1947, 4; 1964, 101; Knoerrich/ Dreger VA 1966, 175, 179
2) Vgl. VA 1924, 60; 1925, 46

zwischen den Beteiligten Meinungsverschiedenheiten hinsichtlich der Ersatzpflicht eines Versicherers, die letztlich nur gerichtlich beigelegt werden könnten, so sei es mit Rücksicht auf eine möglichst schleunige Entlastung des geschädigten Versicherten nicht vertretbar, dem anderen Versicherer die Berufung auf eine Subsidiaritätsabrede zu gestatten und so dem Versicherten erhebliche Nachteile aufzubürden, die ihm im Zusammenhang mit der Klärung der Rechtslage entstünden.[1]
Insbesondere habe die Erfahrung in Fällen, in denen Subsidiaritätsklauseln in den Bedingungen zweier beteiligter Versicherer zusammenträfen, gelehrt, daß eine gegenseitige Berufung auf eine jeweils nur nachrangige Haftung den Versicherten zunächst gleichsam ohne jeglichen Versicherungsschutz dastehen lasse, und eine Regulierung oftmals erst nach langwierigen Auseinandersetzungen zwischen den Versicherern erfolge.[2] Diese für den Versicherten nachteiligen Auswirkungen von Subsidiaritätsbestimmungen seien mit dem Versicherungsgedanken nicht vereinbar.[3]

Selbst im Fall einer Rundfunkgeräteversicherung [4], die nur als Ergänzungshaftung gedacht war, konnte die Argumentation des betroffenen Versicherers mit einem Sonderfall aufgrund des eng abgegrenzten versicherten Wagnisses die oben geschilderten grundsätzlichen Bedenken der Aufsichtsbehörde nicht ausräumen.
Das Zonenamt [5] hat unter ausdrücklichem Hinweis auf seine grundsätzlich ablehnende Haltung ausnahmsweise Subsidiärdeckungen im Rahmen der Feuerversicherung zugelassen. Ein besonderes Bedürfnis dafür war durch die unsicheren Nachkriegsverhältnisse entstanden, in denen

---

1) Vgl. VA 1964, 101
2) Knoerrich/Dreger a.a.O. S. 179
3) VA 1964, 101; Knoerrich/Dreger a.a.O. S. 179; vgl. auch Ollick VA 72, 118
4) VA 1929, 84
5) VA 1947, 4

zahlreiche VN den Kontakt zu ihrem Versicherer verloren hatten und deshalb eine vorsorgliche Neueindeckung wünschten.

In der darauffolgenden Zeit hat das Bundesaufsichtsamt entgegen dem dargestellten Grundsatz in zahlreichen Fällen Subsidiaritätsklauseln in Bedingungswerken genehmigt.[1] Dem ging jeweils eine sorgfältige Bedürfnisprüfung voraus.[2]

In neuerer Zeit bemüht man sich, die Interessen der VN zu wahren, indem die Genehmigung von Subsidiaritätsklauseln unter der Voraussetzung geschäftplanmäßiger Erklärungen der Versicherer erteilt wird, in denen diese sich gegenüber dem Aufsichtsamt verpflichten, eine Entschädigung nicht bis zur endgültigen Entscheidung über die Frage der Eintrittspflicht eines anderen Versicherers zurückzuhalten, sondern unter Vorbehalt der Rückforderung vorläufig Zahlung zu leisten.[3]

IV. Inhalt von Subsidiaritätsabreden

Im Bereich der selbständigen Subsidiaritätsabreden lassen sich vielfältige Textgestaltungen finden, die an den jeweiligen Bedürfnissen der Beteiligten ausgerichtet sind.

Zunächst ist es möglich, bestimmte Eigenschaften etwaig konkurrierender Versicherungen zur Voraussetzung für die Subsidiarität zu machen.

---

1) VA 1968 S. 151 ED - Klauselheft Nr. 23 (4); VA 1970 S. 13 f. Feuerklausel 4. 02 (2) c Spediteurversicherung; VA 1972 S. 85, § 16 AMOB
2) Vgl. Martin SVR V I 23
3) Vgl. Ollick VA 72, 118 zu § 16 AMOB; eine Bestimmung dieses Inhalts enthalten z.B. auch § 2 Nr. 5 AFB 87 und § 2 Nr. 4 AERB 87.

Zum Beispiel kann eine Bestimmung vereinbart werden, nach der die Subsidiarität allein gegenüber zeitlich früher oder später abgeschlossenen Versicherungen bestehen soll.
Sinnvoll kann es auch sein, eine Allgefahrendeckung ausschließlich hinter anderweitigen Spezialdeckungen für einzelne miterfaßte Gefahren zurücktreten zu lassen.
Eine Subsidiaritätsabrede läßt sich weiter dahingehend treffen, daß die Nachrangigkeit nur gegenüber Fremd- oder Außenversicherungen oder bei Inbegriffsversicherungen nur gegenüber Einzeldeckungen besteht.

Unabhängig von einer Bezugnahme auf alle oder nur einzelne spezielle anderweitige Versicherungen, lassen sich die möglichen Abredeformen, von denen hier nur einige beispielhaft aufgezeigt werden sollten, zudem anhand der grundlegenden und für die Beteiligten sehr bedeutsamen Frage unterscheiden, ob die Subsidiarität einen wirksamen Entschädigungsanspruch gegenüber dem konkurrierenden Versicherer voraussetzt oder die Subsidiarität bereits durch das bloße Bestehen eines anderweitigen Versicherungsvertrages ausgelöst wird.

Im ersten Fall spricht man von einfacher, im zweiten von qualifizierter Subsidiarität.[1]

1. Haftung bei einfacher Subsidiarität

Bei vereinbarter einfacher Subsidiarität soll die Ein-

---

1) Die Begriffe einfache und qualifizierte Subsidiarität gehen zurück auf Martin (VersR 73, 693 ff.) und haben in neuerer Rechtsprechung und Literatur durchweg Anerkennung gefunden.
Bei Bruck/Möller finden sich die Bezeichnungen "eingeschränkte" und "uneingeschränkte" Subsidiarität (vgl. § 59 Anm. 50). Diese Bezeichnungen sind mit den heute verbreiteten nicht vollständig deckungsgleich.

trittspflicht nur insoweit ausgesetzt sein, als der Versicherte anderweitige Versicherungsleistungen erlangen kann. Eine dahingehende Vertragsbestimmung könnte folgendermaßen lauten:

Entschädigung wird nicht geleistet, soweit für den Schaden eine Leistung aus einem anderen Versicherungsvertrag beansprucht werden kann.

Unmißverständlich im Sinne einfacher Subsidiarität ist eine wachsende Anzahl von Subsidiaritätsklauseln in den neueren Bedingungswerken 1) formuliert.

Voraussetzung für das Eingreifen der Subsidiaritätsabrede ist danach, daß aus einer konkurrierenden Deckung, die bei Fehlen der Subsidiaritätsabrede zu Doppelversicherung führen würde, eine Leistung beansprucht werden kann.
Vollkommen eindeutig ist indes der Wortlaut dieser Klauseln nicht. Auslegungsschwierigkeiten ergeben sich zum einen hinsichtlich des Zeitpunktes, in dem der konkurrierende Versicherungsanspruch bestehen muß 2) und zum anderen bezüglich der Reichweite der Subsidiarität in Versicherungen für fremde Rechnung.

---

1) vgl. schon § 16 AMOB; § 3 Nr. 3 ABMG; identische Klauseln in § 2 Nr. 6 AERB 87, AWB 87, AStB 87 und § 2 Nr. 5 AFB 87; § 5 IV MBKK; § 6 III a AVB Krankheitskostenversicherung; § 8 VI Abs. 3 a S. 1, 2 AUB
2) Unproblematisch sind insoweit die Fälle, in denen aufgrund eines Selbstbehalts, einer Unterversicherung oder einer Obliegenheitsverletzung vor Schadeneintritt gegenüber dem konkurrierenden Versicherer bereits z.Zt. des Schadeneintritts kein anderweitiger Anspruch, somit keine Doppelversicherung, besteht. Hier tritt keine Subsidiaritätswirkung ein, d.h., der subsidiär haftende Versicherer muß leisten. Dies ergibt sich ohne weiteres aus dem Wortlaut, durch das Wort "soweit" auch ausdrücklich für einen Selbstbehalt und die Unterversicherung, und aus dem Zweck der Klauseln, Doppelversicherung zu vermeiden.

Der Rahmen dieser Untersuchung läßt es nicht zu, allen möglichen Auslegungsproblemen, die einzelnen Subsidiaritätsabreden anhaften mögen, nachzugehen. Die Erörterung beschränkt sich auf generelle Fragestellungen, die sich bei allen oder zumindest größeren Gruppen von einfachen Subsidiaritätsabreden ergeben.

a) Nichtrealisierbarkeit eines zunächst mit Schadeneintritt entstandenen anderweitigen Versicherungsanspruchs

Zuerst stellt sich die Frage, wie es sich mit der Eintrittspflicht des subsidiär haftenden Versicherers verhält, wenn ein zunächst wirksam entstandener Anspruch gegen den anderweitigen Versicherer aufgrund von Umständen, die nach dem Versicherungsfall eingetreten sind, seitens des Versicherten nicht realisiert werden kann.[1]

aa) Nichtrealisierbarkeit aufgrund nachträglicher Ereignisse aus der Sphäre des Versicherers

Hier ist an die Fälle zu denken, in denen die endgültige oder vorübergehende Nichterlangbarkeit der anderweitigen Versicherungsleistung auf Umständen beruht, die sich dem Einfluß des VN entziehen.

aaa) Insolvenz des konkurrierenden Versicherers

In diesem Zusammenhang ist zunächst einmal der eher

---

1) Zu Recht wird in der Literatur einhellig die Ansicht vertreten, daß eine rechtsgeschäftliche Aufgabe des Leistungsanspruchs gegen den anderen Versicherer durch nachträglichen Erlaßvertrag, Vergleich oder Vertragsaufhebung nach dem Schadenfall an der Subsidiarität nichts ändert.
Vgl. Prölss-Martin § 59 Anm. 6 A a; Wussow-Ruppert § 16 AMOB Anm. 3

akademische Fall der Insolvenz des konkurrierenden Versicherers zu nennen.

Schon aus dem Wortlaut der hier angesprochenen Subsidiaritätsabreden ergibt sich, daß eine Haftungsfreizeichnung des Subsidiärversicherers bei einem anderweitigen Versicherungsanspruch, der zwar rechtlich wirksam besteht, aber offenkundig wirtschaftlich wertlos ist, nicht beabsichtigt ist. Weiterhin läßt sich auch mit dem Sinn und Zweck der Subsidiaritätsabrede, Doppelversicherung zu vermeiden, dahingehend argumentieren, daß bei Insolvenz eines der beteiligten Versicherer die typische Situation der Doppelversicherung nicht besteht [1] und daher die Voraussetzungen für das Eingreifen der Subsidiaritätsvereinbarung fehlen.

bbb) Unberechtigte Zahlungsverweigerung des konkurrierenden Versicherers

Zum anderen stellt sich die Frage, ob die Subsidiaritätsabrede Geltung haben soll, wenn der konkurrierende Versicherer unberechtigt seine Leistung verweigert und der Versicherte somit zumindest vorübergehend keine Entschädigung erhalten kann.

Grundsätzlich kann der subsidiär haftende Versicherer den Versicherten an den anderen Versicherer verweisen, auch wenn dieser, obwohl ersatzpflichtig, keine Entschädigung leistet. Der Versicherte muß dann ggfs. das Ergebnis eines Rechtsstreits gegen den anderen Versicherer abwarten. Lediglich bei schwierigen Sach- oder Rechtslagen oder bei existenzbedrohenden Schäden könnte sich für den subsidiär haftenden Versicherer aus dem Grundsatz von Treu und Glauben gemäß § 242 BGB eine

---

1) Siehe oben S. 13 ff.

Vorleistungspflicht ergeben.

Bei Auseinandersetzungen zwischen den beteiligten Versicherern über die Ersatzpflicht können sonst drohende Nachteile für den VN in vielen Fällen durch einen entsprechenden Zusatz zu den Subsidiaritätsabreden bzw. geschäftsplanmäßige Erklärungen vermieden werden, in denen sich subsidiär haftende Versicherer vorab zur Vorleistung verpflichten.[1)]

bb) Nichtrealisierbarkeit aufgrund nachträglicher Ereignisse aus der Sphäre des Versicherten, z.B. Obliegenheitsverletzung oder Fristversäumnis nach § 12 III VVG

Im Gegensatz zu den soeben erörterten Störungen des zweiten Versicherungsverhältnisses stehen die Fälle, in denen der Grund für den nachträglichen Wegfall des anderweitigen Versicherungsanspruchs überwiegend aus der Sphäre des Versicherten stammt. Als solche kommen Leistungsfreiheit des konkurrierenden Versicherers aufgrund einer Obliegenheitsverletzung nach Schadeneintritt und Fristversäumnis nach § 12 III VVG in Betracht. Soweit in einfachen Subsidiaritätsabreden die Leistungspflicht des Subsidiärversicherers davon abhängig gemacht worden ist, ob eine "... andere Leistung beansprucht werden kann", spricht der Wortlaut dieser

---

1) § 2 Nr. 4 S. 4 AERB 87 lautet beispielsweise: "Ist danach die Entschädigung oder eine Teilentschädigung gem. § 16 Nr. 1 nur deshalb noch nicht fällig, weil ohne Verschulden des VN oder des versicherten Betriebsangehörigen die Entschädigungspflicht aus dem anderen Versicherungsvertrag ganz oder teilweise noch nicht geklärt ist, so wird der Versicherer unter Vorbehalt der Rückforderung mit Zinsen 1 v.H. unter dem jeweiligen Diskontsatz der Deutschen Bundesbank eine vorläufige Zahlung leisten."
Vgl. auch ED Klausel 23 Nr. 6 VA 1968, S. 152; § 8 VI Abs. 3 a S. 2 AUB

Abreden dafür, daß der Subsidiärversicherer in solchen Fällen Entschädigung leisten muß, auch wenn die Ersatzpflicht des konkurrierenden Versicherers im Zeitpunkt des Schadenfalles bestand und erst nachträglich weggefallen ist. [1]
Fraglich ist indes, ob dieses Ergebnis in jedem Fall mit dem Sinn und Zweck einer einfachen Subsidiaritätsabrede vereinbar ist.

aaa) Ansichten in der Literatur

In der modernen Literatur [2] wird die Auffassung vertreten, daß der Wegfall des anderweitigen Versicherungsanspruchs aufgrund nachträglicher Ereignisse wie Obliegenheitsverletzung und Fristversäumnis eine z.Zt. des Schadenfalles einmal eingetretene Subsidiarität unberührt läßt.
Subsidiaritätsabreden sollten Doppelversicherung ausschließen, daher müsse für den maßgeblichen Zeitpunkt dasselbe gelten wie für die Auswirkungen nachträglicher Ereignisse auf den Ausgleichsanspruch zwischen zwei Versicherern aus § 59 II VVG.
Der Ausgleichsanspruch aus § 59 II VVG entstehe im Zeitpunkt des Schadeneintritts. Dieser einmal entstandene gesetzliche Anspruch des einen Versicherers erlösche nicht dadurch, daß der VN sich z.B. aufgrund einer nachträglichen Obliegenheitsverletzung im Verhältnis zum anderen Versicherer seines gegenüber jenem bestehenden Anspruchs begebe. Diese Auffassung zum Anspruch aus § 59 II VVG sei entgegen OLG Düsseldorf [3] und einer älteren Auffassung im Schrifttum [4] durch den

---

1) Dieses Ergebnis befürwortet Möller in Festschr. für Sieg S. 416
2) Prölss-Martin § 59 Anm. 6 A a; Martin SVR V I 19; ebenso Wussow-Ruppert Montagevers. § 16 AMOB Anm. 3
3) VersR 79, 639
4) Kisch Mehrfache Versicherung S. 161; Raiser S. 284

BGH [1] in einer Entscheidung zu § 426 I BGB bestätigt worden.[2]

Weiterhin spreche für diese Ansicht, daß der Versicherte sonst willkürlich die Wirkung der Subsidiaritätsabrede außer Kraft setzen und ggfs. gar im Zusammenwirken mit dem konkurrierenden Versicherer den subsidiär haftenden Versicherer allein mit dem ganzen Schaden belasten könne. [3]

bbb) Eigene Ansicht

Der Einfluß einer nachträglicher Obliegenheitsverletzung bzw. der Fristversäumnis nach § 12 III VVG gegenüber dem anderen Versicherer auf die Subsidiarität, also die Frage, ob eine subsidiäre Versicherung durch derartige Umstände quasi wiederauflebt, ist durch Auslegung zu klären.
Dabei ist hinsichtlich der Obliegenheitsverletzung danach zu differenzieren, ob diese vorsätzlich oder grob fahrlässig begangen wurde. [4]

Die Fristversäumnis ist insofern wie die grob fahrlässige Obliegenheitsverletzung zu behandeln. Es ist zwar theoretisch möglich, die Frist des § 12 III VVG in der Absicht verstreichen zu lassen, den Versicherer von der Haftung freizustellen. Eine solche Fallgestaltung ist aber so wenig realistisch, daß sie hier vernachlässigt werden darf, denn der Versicherte müßte den Schaden zunächst immerhin dem Versicherer gemeldet haben, um die Frist des § 12 III VVG in Gang zu setzen.

---

1) BGHZ 11, 174
2) Prölss-Martin § 59 Anm. 4 b
3) Prölss-Martin § 59 Anm. 6 A a
4) Leichte Fahrlässigkeit ist bei nachträglichen Obliegenheitsverletzungen unschädlich § 6 III VVG

(1) Vorsätzliche Obliegenheitsverletzung

Der von Martin [1] angesprochene, in diesem Zusammenhang bedeutsamste Fall der vorsätzlichen, sogar absichtlichen nachträglichen Obliegenheitsverletzung läßt sich folgendermaßen vorstellen:

Ein VN unterläßt in vollem Bewußtsein seiner Schadenanzeigepflicht die Schadenmeldung gegenüber dem anderweitigen Versicherer und verlangt ausschließlich von dem subsidiär haftenden Versicherer Ersatzleistung, wobei er diesem gegenüber die Existenz des zweiten Versicherungsverhältnisses offenlegt und damit insoweit seiner Obliegenheit nachkommt.

Das Motiv des VN hierfür könnte z.B. in dem Bestreben liegen, sich gegenüber dem anderen Versicherer einen Schadenfreiheitsrabatt zu erhalten.
Der Versicherte, der in Kenntnis der Rechtsfolgen vorsätzlich eine Obliegenheit nach dem Schadeneintritt verletzt, gibt seinen Anspruch gegen den Versicherer letztlich ebenso willentlich auf, als wenn er einen Erlaßvertrag mit dem Versicherer abschließen würde. Ein VN wird die vorsätzliche Obliegenheitsverletzung auch ebenso wie einen Erlaß i.d.R. nur gegen Gewährung irgendeines wirtschaftlichen Ausgleichs, z.B. eines Prämienvorteils, vornehmen. Von daher ist eine Gleichstellung von vorsätzlicher Obliegenheitsverletzung einerseits und Erlaß andererseits im Hinblick auf die Subsidiaritätsvereinbarung in einem konkurrierenden Vertrag gerechtfertigt.

Durch die vorsätzliche Vornahme der nachträglichen Obliegenheitsverletzung gegenüber dem anderweitigen Versicherer würde zudem willentlich der Zweck der Subsi-

---

1) Martin SVR V III 7

diaritätsabrede vereitelt.
Durch Vereinbarung einer Subsidiaritätsabrede will ein Versicherer u.a. erreichen, daß im Falle mehrfacher Versicherung desselben Risikos der andere Versicherer, soweit ihn eine Ersatzpflicht trifft, allein mit dem Schaden belastet wird. Diese Wirkung der Subsidiaritätsregelung könnte vom Versicherten einseitig aufgehoben werden, ließe man die subsidiäre Haftung in einem solchen Falle wieder aufleben. Eine derartige Möglichkeit des Versicherten, einseitig nachträglich willentlich auf die Subsidiaritätswirkung Einfluß zu nehmen, widerspricht ganz offensichtlich dem Vertragswillen.

Die derzeit häufig verwendeten einfachen Subsidiaritätsabreden sind daher bei Fehlen ergänzender Vereinbarungen dahin auszulegen, daß eine Ersatzpflicht des subsidiär haftenden Versicherers auch dann ausgeschlossen bleiben soll, wenn ein z.Zt. des Versicherungsfalles bestehender Anspruch gegen einen konkurrierenden Versicherer nachträglich durch eine vorsätzliche Obliegenheitsverletzung entfällt.

(2) Grob fahrlässige Obliegenheitsverletzung bzw. Fristversäumnis nach § 12 III VVG

Im Falle grob fahrlässiger Obliegenheitsverletzung fehlt die Absicht, einen Versicherer allein mit dem ganzen Schaden zu belasten. Der Gesichtspunkt der mißbräuchlichen Vereitelung des mit der Subsidiaritätsabrede verfolgten Zwecks kann hier also nicht zur Argumentation herangezogen werden.

(a) Martins Argument der Vergleichbarkeit mit dem Schicksal des Ausgleichsanspruchs aus § 59 II VVG bei Fehlen einer Subsidiaritätsabrede

Martin differenziert nicht zwischen vorsätzlicher und grob fahrlässiger Obliegenheitsverletzung, sondern argumentiert mit der Vergleichbarkeit dieser Situation mit dem Schicksal des Ausgleichsanspruchs aus § 59 II VVG, wenn keine Subsidiaritätsabrede vereinbart ist.[1] Der einmal entstandene Ausgleichsanspruch zwischen zwei Doppelversicherern entfalle nicht dadurch, daß der Versicherte seinen Leistungsanspruch gegen einen der Versicherer infolge einer Obliegenheitsverletzung nach dem Schadenfall verliere.[2] Diese Wertung müsse auch bei Vereinbarung subsidiärer Haftung in einem Vertrag mit der Folge gelten, daß die Leistungspflicht des Subsidiärversicherers nicht nachträglich wieder aufleben dürfe.

Zu diesem Argument ist zunächst zu sagen, daß es sich bei der Frage des Ausgleichsanspruchs aus § 59 II VVG um Gesetzesauslegung, bei der Beurteilung der Haftung aus einer subsidiären Versicherung dagegen um Vertragsauslegung handelt. Der vergleichende Blick auf die Regelung des § 59 II VVG kann deshalb in diesem Zusammenhang grundsätzlich nur indizielle Wirkung haben. Fraglich ist indes, ob dieser Ansicht zum Bestehen des Ausgleichsanspruchs aus § 59 II VVG bei Wegfall des Leistungsanspruchs durch nachträgliche Obliegenheitsverletzung gegenüber einem Doppelversicherer für den Fall der groben Fahrlässigkeit inhaltlich zu folgen ist.

(b) Gegenansicht in älterem Schrifttum

Martins Ansicht zum Einfluß nachträglicher Obliegenheitsverletzungen auf den Ausgleichsanspruch aus § 59 II VVG steht im Widerspruch zum fast gesamten überwie-

---

1) Prölss-Martin § 59 Anm. 6 A a; Martin SVR V I 19
2) Prölss-Martin § 59 Anm. 4 b

gend älteren versicherungsrechtlichen Schrifttum [1], in dem ein nachträgliches Entfallen des Ausgleichsanspruchs befürwortet wird.
Als Begründung für das Ergebnis der überwiegenden Meinung hat Kisch [2] angeführt, daß auch im Falle der Doppelversicherung die beiden Versicherungsverhältnisse von einander unabhängig seien, so daß die Obliegenheitsverletzung des Versicherten gegenüber einem Versicherer den anderen nichts anginge. Daß der zahlende Versicherer auch keinen Ausgleichsanspruch habe, sei deswegen gerechtfertigt, weil er das betreffende Risiko grundsätzlich unabhängig von weiteren bestehenden Dekkungen gegen entsprechende Prämie übernommen habe.

(c) Rechtsprechung

Nach einer Entscheidung des OLG Düsseldorf [3] folgt das Entfallen des Ausgleichsanspruchs aus § 59 II VVG abweichend von der Regelung des § 426 I BGB aus der Eigenart des Versicherungsverhältnisses. Bei einer nachträglichen Obliegenheitsverletzung sei der Versicherer so zu behandeln, als habe seine Leistungspflicht von Anfang an nicht bestanden.

(d) Anwendbarkeit der von Rechtsprechung und Literatur zu § 426 I BGB erarbeiteten Grundsätze

Entfällt gegenüber einem von zwei Doppelversicherern

---

1) Kisch Mehrfache Versicherung S. 160 f., siehe auch S. 77 f.; Raiser S. 284 F.; Bruck-Möller/Möller § 59 Anm. 36 f. A.A. Zagel, Anm. zu OLG Düsseldorf, Urteil v. 10.4.1979, VersR 79, 904, der ebenso wie Martin angesichts eines sonst möglichen Mißbrauchs den Ausgleichsanspruch erhalten will; Ritter/Abraham § 10 Anm. 21
2) Kisch Mehrfache Versicherung S. 77 f.
3) VersR 79, 639, Urteil nicht rechtskräftig; der BGH hat in der folgenden Revisionsentscheidung die Frage ausdrücklich offengelassen, vgl. VersR 81, 625; vgl. auch KG VA 1922 Nr. 1282

der Leistungsanspruch aufgrund einer Obliegenheitsverletzung nach dem Schadeneintritt, so liegt ein Fall des nachträglich gestörten Gesamtschuldnerausgleichs vor. § 59 VVG regelt einen Fall echter Gesamtschuld.[1] Insofern sind die von Rechtsprechung und Literatur erarbeiteten Grundsätze zu § 426 I BGB übertragbar, soweit dem nicht Besonderheiten des Versicherungsverhältnisses zwingend entgegenstehen. [2]

Nach der Rechtsprechung des BGH [3] haben vertragliche und gesetzliche Haftungsbeschränkungen grundsätzlich nur im Verhältnis der Beteiligten Wirkung. Der gesetzliche Ausgleichsanspruch solle davon unberührt bleiben.

In der Literatur [4] ist diese Rechtsprechung auf Kritik gestoßen, welche sich hauptsächlich dagegen richtet, daß die Haftungsprivilegierung des einen Schuldners nicht genügend berücksichtigt werde. Der haftungsprivilegierte Schuldner werde durch das Hinzutreten eines weiteren Schuldners schlechter gestellt, als er als alleiniger Schuldner stünde. Er sei nämlich aufgrund eines außerhalb seines Schuldverhältnisses mit dem Berechtigten liegenden Umstandes ggfs. gegenüber völliger Leistungsfreiheit einem Ausgleichsanspruch und damit doch einem Teil der Belastung ausgesetzt.[5] Diese Schlechterstellung sei nicht zu rechtfertigen, da sie letztlich den Falschen treffe.

---

1) Bruck-Möller/Möller § 59 Anm. 16
2) Z.B. die Verpflichtung der Versicherer zueinander, die in § 59 II 1 VVG im Verhältnis der Einzelverpflichtungen und nicht grundsätzlich nach Kopfteilen geregelt ist.
3) BGHZ 11,174; 12, 213; 35, 317, 323; 58, 216, 219
4) Palandt/Heinrichs § 426 Anm. 5 m.w.N.; Sieg JZ 69, 264; Thiele JuS 68, 157; Prölss JuS 66, 400 ff.; Larenz SchuldR I § 37 III; Medicus JZ 67, 398
5) Medicus JZ 67, 398 f.

Der Berechtigte der Ansprüche solle Belasteter der Haftungsprivilegierung sein und müsse konsequenterweise eine etwaige Verminderung seines Anspruchs selbst tragen.[1] Daher müsse sein Anspruch gegenüber dem unbeschränkt haftenden Schuldner von vornherein im Außenverhältnis um den Betrag gekürzt werden, der den Ausgleichsanspruch zwischen den Schuldnern ausmache.[2]

(e) Übertragbarkeit der Grundsätze auf das Doppelversicherungsverhältnis gemäß § 59 VVG

Das Argument der ungerechtfertigten Schlechterstellung des haftungsprivilegierten Schuldners trifft auch auf die Situation der Doppelversicherung zu. Ein Versicherer, der aufgrund einer Obliegenheitsverletzung nach dem Schadenfall leistungsfrei wäre, würde allein dadurch, daß der Versicherte noch einen Anspruch aus einer weiteren Versicherung hätte, ggfs. mit einem Teil des Schadens belastet, ließe man den Ausgleichsanspruch des anderen Versicherers aus § 59 II VVG zu.

Ein solches Ergebnis wäre allenfalls hinnehmbar, wenn mögliche Alternativen die übrigen Beteiligten noch schwerwiegender belasten und der materiellen Gerechtigkeit mehr widerstreben würden.

Eine zweite Lösungsmöglichkeit könnte in dem von der oben zitierten Literatur [3] eingeschlagenen Weg der Kürzung des Anspruchs, hier desjenigen des Versicherten gegen den ersatzpflichtigen anderen Versicherer, liegen.

---

1) Prölss JuS 66, 402
2) Sieg a.a.O.; Thiele a.a.O. S. 157; Medicus a.a.O. S. 402; Prölss a.a.O., S. 402
3) S.o. S. 45 Fußn. 4

Ein solches Ergebnis mag in dem oben erläuterten Fall der vorsätzlichen Obliegenheitsverletzung aufgrund der sachlichen Nähe zum Verzicht oder Erlaß unter Umständen gerechtfertigt sein.
Fraglich ist jedoch, ob es bei grob fahrlässiger Obliegenheitsverletzung mit dem Schutzbedürfnis des Versicherten vereinbar ist und einen gerechten Interessenausgleich schafft.

Sieht man zunächst auf das rein wirtschaftliche Ergebnis einer Kürzung des Leistungsanspruchs, so ist festzustellen, daß diese Lösung für den Versicherten je nach dem Verhältnis der Einzelverpflichtungen der Versicherer eine bis zu 50 %ige Anspruchsverminderung trotz voller (doppelter) Prämienzahlung bedeutet.
Entscheidender ist aber noch, daß bei einer Kürzung des Anspruchs letztlich Einwendungen aus einem anderen Schuldverhältnis zugelassen werden.
Dies ist im Hinblick auf die Relativität der Schuldverhältnisse grundsätzlich nicht zulässig.[1)]

Eine Ausnahme wird in der Literatur zu § 426 I BGB vertreten, weil nur durch die Kürzung des Anspruchs im Außenverhältnis eine vollständige Freistellung des Haftungsprivilegierten erreicht werden kann, die wirtschaftliche Stellung des anderen Schuldners nicht angetastet wird und die Minderung des Anspruchs des Gläubigers als Belastetem der Haftungsprivilegierung gerechtfertigt ist.

Die Situation der Doppelversicherung birgt eine von anderen Gesamtschuldverhältnissen abweichende Besonderheit.
Im Falle der Doppelversicherung besteht von vornherein ein wirtschaftliches Ungleichgewicht zu Lasten des VN,

---

1) Vgl. dazu Larenz SchuldR I § 2 II

da dieser mehreren Versicherern aufgrund von einander unabhängiger Versicherungsverhältnisse zu insgesamt mehrfacher Prämienzahlung verpflichtet ist, nach dem Grundsatz des im Bereich der Schadensversicherung geltenden Bereicherungsverbotes [1] aber den Entschädigungsbetrag nur einmal beanspruchen kann.

Das Bereicherungsverbot soll nur die Möglichkeit mehrfacher Entschädigung und damit u.a. den Anreiz zur Schadenstiftung vermeiden. Insoweit ist der wirtschaftliche Nachteil für den VN hinzunehmen.
In Fällen, in denen aufgrund der Leistungsfreiheit eines Versicherers infolge einer Obliegenheitsverletzung die Gefahr einer doppelten Entschädigung nicht besteht, darf die Regelung des § 59 VVG wegen des wirtschaftlichen Ungleichgewichts aber nicht darüberhinaus dazu führen, daß Sanktionen aus dem einen Versicherungsverhältnis seitens des anderen Versicherers dem Leistungsanspruch des Versicherten entgegengehalten werden können. Eine Kürzung des Anspruchs des Versicherten gegenüber dem ersatzpflichtigen Versicherer ist daher nicht zu befürworten.

Der Umstand, daß beide Versicherer die volle Prämie erhalten haben, verbietet nicht nur die Kürzung des Leistungsanspruchs im Außenverhältnis, sondern rechtfertigt auch, daß denjenigen Versicherer, der sich nicht auf Leistungsfreiheit berufen kann, eine uneingeschränkte Ersatzverpflichtung trifft, ohne daß er einen Ausgleichsanspruch gegen den anderen Versicherer hätte.
Denn dieser Versicherer hat, wie Kisch [2] zu Recht ausgeführt hat, seinerseits das Risiko unabhängig von

---

1) Vgl. Prölss-Martin § 55 Anm. 1 m.w.N.
2) Kisch Mehrfache Versicherung S. 77 f.

anderen Deckungen übernommen und bei seiner Prämienkalkulation keine etwaigen Ausgleichsansprüche aufgrund von Doppelversicherung berücksichtigt. Sein Schutzbedürfnis ist geringer als das des gegenüber dem Versicherten leistungsfreien Versicherers. Während Letzterer durch einen Ausgleichsanspruch des anderen Versicherers ihm gegenüber aufgrund der Doppelversicherung schlechter stünde, stellt sich die Situation für den ersatzpflichtigen Versicherer genauso dar, als wäre er alleiniger Versicherer des Risikos.

(f) Zwischenergebnis

Für den Fall der grob fahrlässigen Obliegenheitsverletzung nach dem Schadenfall ist daher ein Ausgleichsanspruch des ersatzpflichtigen Versicherers aus § 59 II VVG abzulehnen.

Folglich kann aus dem Vorstehenden für die Auslegung der einfachen Subsidiaritätsabrede auch nicht der von Martin gezogene Schluß akzeptiert werden, daß die subsidiäre Haftung auch bei nachträglichem Wegfall des anderweitigen Versicherungsanspruchs aufgrund grob fahrlässiger Obliegenheitsverletzung ausgeschlossen bleibe.

Die von Martin und Wussow befürwortete Abgrenzung, die allein an den Zeitpunkt des Schadeneintritts anknüpft, bezüglich des Verschuldens aber nicht differenziert, kann schließlich auch nicht mit dem Argument größerer Praktikabilität und Rechtsklarheit gerechtfertigt werden. Zwar vermeidet eine generalisierende Sicht die im Einzelfall möglicherweise schwierige Feststellung des Verschuldensgrades, aber sie bietet, wie aufgezeigt wurde, nicht in allen Fällen einen gerechten Interessenausgleich.

(3) Ergebnis

Die Frage des Einflusses nachträglicher Ereignisse auf die Subsidiaritätswirkung ist danach zu beurteilen, ob der nachträgliche Ausfall des anderweitigen Versicherungsanspruchs auf ein willentliches, zielgerichtetes Verhalten des Versicherten zurückgeht oder nicht.

Führt der Versicherte die Leistungsfreiheit des anderen Versicherers bewußt herbei, so läßt dies, wie oben erläutert, die eingetretene Subsidiarität unberührt. Wenn dagegen der konkurrierende Versicherungsschutz ohne willentlich gesteuerten Einfluß des Versicherten, also z.B. durch grob fahrlässige Obliegenheitsverletzung oder Fristversäumnis nach § 12 III VVG nachträglich entfällt, so sind einfache Subsidiaritätsabreden für diese Fälle dahin auszulegen, daß die Haftung des Subsidiärversicherers wieder auflebt. Denn einfache Subsidiaritätsabreden sollen - abgesehen von dem diskutierten Fall vorsätzlicher mißbräuchlicher Vereitelung - nicht dazu führen, daß der Versicherte gänzlich ohne Versicherungsschutz dasteht, sondern nur eine Nachrangigkeit der Versicherung herstellen.

b) Einfache Subsidiaritätsabreden und Versicherung für fremde Rechnung gem. §§ 74 ff. VVG

Subsidiaritätsabreden lassen die Haftung des Versicherers grundsätzlich auch dann entfallen, wenn die konkurrierende Versicherung nicht von demselben VN, sondern von einem Dritten für seine Rechnung abgeschlossen wird. Ebenso wie bei der Doppelversicherung [1]

---

1) BGHZ 26, 133, 138; BGH VersR 74, 536; Bruck-Möller/ Möller § 59 Anm. 13; Prölss-Martin § 58 Anm. 2

gem. § 59 I VVG kommt es für die Subsidiarität nicht auf die Person des VN, sondern auf die Identität des Versicherten der beiden konkurrierenden Verträge an.[1] Da der Anspruch aus einer Versicherung für fremde Rechnung gem. § 75 I S. 1 VVG materiell dem Versicherten zusteht, haben weder das Verfügungsrecht des VN aus § 76 I VVG noch das Rechtsverhältnis [2] zwischen dem VN, der ggfs. die Leistung bereits von dem Fremdversicherer eingezogen hat, einerseits und dem Versicherten andererseits Einfluß auf eine einmal eingetretene Subsidiarität.

aa) Bedeutung der Regreßfrage für die Auslegung von Subsidiaritätsabreden in Versicherungen für fremde Rechnung

Besonderheiten können sich aber bezüglich subsidiär ausgestalteter Versicherungen für fremde Rechnung, insbesondere subsidiärer Kundenversicherungen [3] ergeben. Von einer Kundenversicherung spricht man, wenn jemand, der eine fremde Sache z.B. als Werkunternehmer oder aufgrund anderer Rechtsverhältnisse in Obhut genommen hat, diese Sache für Rechnung des Eigentümers versichert.

An die Stelle einer Haftpflichtversicherung, die den Obhutspflichtigen im Falle eines von ihm zu vertretenden Verlustes oder einer Beschädigung von Schadener-

---

1) Martin Montageversicherung § 16 Rz. 2. 2
2) Vgl. zur streitigen Rechtsnatur Martin SVR J IV 11; Prölss-Martin Vor § 51 Anm. 4 C für gesetzliches Treuhandverhältnis; dagegen Bruck-Möller/Sieg §§ 75, 76 Anm. 22, der ein konkretes Rechtsverhältnis zwischen VN und Versichertem fordert.
3) Vgl. zu diesem Begriff Bruck-Möller/Sieg Vor §§ 74 - 80 Anm. 7; vgl. Prölss-Martin § 58 Anm. 2; Martin SVR J III 7; Daube Die rechtliche Konstruktion der Kundenversicherung Hamburger Diss. 1964

satzansprüchen des Eigentümers freihalten würde, tritt die Kundenversicherung in Form der Sachversicherung für fremde Rechnung, die über das Haftpflichtrisiko hinausgehend auch das Risiko eines vom Obhutspflichtigen nicht zu vertretenden Unterganges der Sache deckt[1].

Die Kundenversicherung kann bei entsprechender vertraglicher Gestaltung zwischen dem Eigentümer und dem Obhutspflichtigen eine haftungsersetzende Funktion haben [2], d. h. mit Abschluß der Versicherung für Rechnung des Eigentümers soll die Haftung des Obhutspflichtigen für leichte Fahrlässigkeit ausgeschlossen sein.[3] Die Haftungsersetzung ist aber keine zwingende Voraussetzung einer Kundenversicherung. Auch wenn die Haftung des Obhutspflichtigen gegenüber dem Eigentümer nicht abbedungen wurde, ist er aufgrund der Versicherung für fremde Rechnung im Schadenfall vor einer Inanspruchnahme geschützt, weil sein Versicherer ausdrücklich oder jedenfalls konkludent auf einen Regreß aus § 67 VVG gegen ihn verzichtet.[4]

Mit dem Abschluß einer Versicherung für Rechnung des Eigentümers soll erreicht werden, daß Schäden, die eintreten, während sich die Sache in der Obhut des Betreffenden befindet, ohne Auseinandersetzungen über die Verschuldensfrage ersetzt werden. [5]

---

1) Schirmer ZVersWiss 81, 675
2) Bruck-Möller/Sieg Vor §§ 74 - 80 Anm. 7; § 67 Anm. 127 m.w.N.
3) Ein klassisches Beispiel dafür bildet § 41 ADSp, demzufolge die Haftung des Spediteurs ausgeschlossen ist, wenn Versicherungsschutz im Rahmen des SVS besteht.
4) Schirmer ZVersWiss 81, 672 f.; vgl. Bruck-Möller/ Sieg § 67 Anm. 128; vgl. E. Prölss NJW 1960, 1903; Flechtheim LZ 1911 Sp. 683; Moldenhauer LZ 1911 Sp. 688
5) Schirmer ZVersWiss 81, 677; vgl. Köhler VersR 68, 661 f.

In Literatur und Rechtsprechung wird unterschiedlich beurteilt, ob bei solchen Versicherungen für fremde Rechnung neben dem fremden Eigentümerinteresse unmittelbar auch ein eigenes Sachersatzinteresse des Obhutspflichtigen versichert ist oder ob der Obhutspflichtige durch den Regreßverzicht seines Versicherers nur mittelbar geschützt ist. Diese Streitfrage stellt sich allein dann, wenn die Fremdversicherung keine haftungsersetzende Wirkung haben soll, denn in solchen Fällen bestünde kein Sachersatz- oder Haftpflichtinteresse des Obhutspflichtigen.[1]
Die Kontroverse ist für die weitere Frage bedeutsam, ob bei Hinzutreten einer Sachversicherung des Eigentümers in jedem Fall Doppelversicherung eintritt oder Ausnahmen von diesem Grundsatz bestehen.

Die jeweiligen Ausgangspunkte der vertretenen Ansichten lassen sich an den beiden folgenden Sachverhalten, die Gegenstand von Gerichtsentscheidungen [2] waren, verdeutlichen:

Ein Kraftfahrzeug wurde in einer Werkstatt repariert, deren Inhaber eine Fahrzeugversicherung nach der Sonderbedingung für Kraftfahrzeughandel und -handwerk [3] abgeschlossen hatte. Das Kfz wurde während einer Probefahrt infolge leichter Fahrlässigkeit eines Monteurs zerstört.
Im zweiten Fall wurde ein Kfz von einem bewachten Parkplatz gestohlen. Der Bewachungsunternehmer, den hinsichtlich des Abhandenkommens der Vorwurf der Fahrlässigkeit traf, unterhielt eine Fahrzeugversicherung für Landfahrzeug-Bewachungsunternehmen.[4]

---

1) Vgl. Schirmer ZVersWiss 81, 673
2) AG Stuttgart VersR 68, 534; BGH VersR 74, 535; AG Saarbrücken VersR 78, 31
3) Text VA 70, 323 und 72, 164
4) Vgl. dazu auch LG Köln VersR 82, 1165

Beide Fahrzeuge waren durch die Eigentümer vollkasko-versichert.
In beiden Fällen stellte sich die Frage, ob der zahlende Kaskoversicherer in voller Höhe Regreß nehmen durfte oder aufgrund einer bestehenden Doppelversicherung auf einen anteiligen Ausgleichsanspruch aus § 59 II VVG beschränkt war.

aaa) Befürworter einer unmittelbaren Versicherung des Sachersatzinteresses in Versicherungen für fremde Rechnung

Nach einer Ansicht [1] steht dem Kaskoversicherer, wenn er zuerst geleistet hat, ein Regreß in voller Höhe zu. Der Kaskoversicherer könne den anderen Versicherer, den Fremdversicherer, nach § 59 II VVG in Anspruch nehmen und den verbleibenden Betrag aufgrund der in § 67 VVG normierten cessio legis gegenüber dem Obhutspflichtigen selbst geltend machen.[2] Da der Obhutspflichtige voll versichert sein solle, habe er einen Anspruch gegen den Fremdversicherer auf Rückerstattung dieses Betrages. Abgekürzt würde dies bedeuten, daß der Kaskoversicherer sofort in Höhe des gesamten Entschädigungsbetrages gegen den Fremdversicherer vorgehen könnte. Umgekehrt stünde dem Fremdversicherer, wenn er zuerst gezahlt habe, kein Anspruch - auch nicht auf Ausgleich gem. § 59 II VVG - gegen den Kaskoversicherer zu.[3] Dies ergebe sich aus folgenden Erwägungen:

Wenn der Obhutspflichtige keine Versicherung abgeschlossen habe, könne der Kaskoversicherer gem. § 67

---

1) Martin VersR 74, 821 ff.; 78, 881 ff.; vgl. Prölss-Martin § 67 Anm. 3; J. Prölss VersR 77, 695 f.; vgl. Bruck-Möller/Möller § 58 Anm. 15, dort wird die Regreßfrage unbeantwortet gelassen.
2) Martin VersR 78, 883
3) Martin VersR 78, 883

VVG in voller Höhe gegen ihn regressieren.[1]. Bestünde ein Haftpflichtversicherungsschutz zugunsten des Obhutspflichtigen, wäre allein der Haftpflichtversicherer mit dem Schaden belastet, denn unstreitig seien die Voraussetzungen der Doppelversicherung bei einem Zusammentreffen einer Haftpflichtversicherung des Schädigers mit einer Sachversicherung des Geschädigten grundsätzlich zu verneinen.[2] An diesem Ergebnis dürfe sich nichts dadurch ändern, daß in diesen Fällen das Sachersatzinteresse des Obhutspflichtigen im Rahmen einer Sachversicherung für fremde Rechnung versichert worden sei.[3]

Es spreche grundsätzlich nichts dagegen, ein Sachersatzinteresse, das sich aufgrund einer schuldrechtlichen Beziehung des VN zu einem Dritten ergebe, an Stelle einer Haftpflichtversicherung durch eine Sachversicherung zu Gunsten des Dritten zu versichern.[4] Aus der Sachversicherung werde dadurch keine Haftpflichtversicherung im technischen Sinne, aber die Sachversicherung umfasse neben dem fremden Eigentümerinteresse auch das Sachersatzinteresse und könne insofern bezüglich der Regreßlage zu keinem anderen Ergebnis führen.[5]

Für die Frage einer etwaigen Doppelversicherung der Versicherung für fremde Rechnung mit einer konkurrierenden Versicherung des Eigentümers ergäben sich folgende Konsequenzen:

---

1) Martin VersR 78, 882
2) Bruck-Möller/Möller § 58 Anm. 15; Prölss-Martin § 58 Anm. 2; BGH VersR 62, 129; OLG Düsseldorf VersR 61, 114 f.
3) Vgl. Martin VersR 78, 882
4) Vgl. BGH VersR 74, 536; OLG Hamm VersR 87, 300 f.; Prölss-Martin Vor § 51 Anm. 4-6; vgl. J. Prölss VersR 77, 695; vgl. Honsell VersR 85, 300, 305
5) Vgl. Martin VersR 78, 882

Es sei danach zu differenzieren, ob der Schaden vom Obhutspflichtigen zu vertreten sei oder nicht. Wenn der Obhutspflichtige, also der Werkstattinhaber oder der Parkplatzbewachungsunternehmer den Verlust nicht zu vertreten habe, sei allein das Eigentümerinteresse betroffen. In diesem Fall bestünde Doppelversicherung.[1] Wenn der Obhutspflichtige dagegen wie in den geschilderten Fällen den Schaden zu vertreten habe, sei sein Sachersatzinteresse tangiert. Eine Doppelversicherung mit der Versicherung des Eigentümers bestünde dann nur, wenn auch die zuletzt genannte Versicherung das Sachersatzinteresse des Obhutspflichtigen mitumfasse.[2]

Dies sei bezogen auf den ersten Fall aufgrund des Regreßverzichts des Kaskoversicherers in § 15 II AKB gegenüber berechtigten Fahrern für leicht fahrlässig verursachte Schäden heute zu bejahen, denn Werkstattangehörige könnten als berechtigte Fahrzeugführer i.S. d. § 15 II AKB angesehen werden.[3] Der Schadenfall sei aber vor Aufnahme der Regelung des § 15 II AKB in dieses Bedingungswerk eingetreten, so daß, wenn auch keine individuelle Regelung entsprechenden Inhalts getroffen worden sei, Doppelversicherung hätte abgelehnt werden müssen.[4] Das Sachersatzinteresse des Parkplatzbewachungsunternehmers könne dagegen unter keinen Umständen als in der Kaskoversicherung des Eigentümers mitversichert gelten.[5]

Martin geht bezüglich der Doppelversicherung von einem Stufenmodell aus.[6] In den geschilderten Fällen bestünde zwar auf der ersten Stufe - der Entschädigung -

---

1) Flechtheim LZ 1911 Sp. 685; J.Prölss VersR 77, 696
2) Martin VersR 74, 827; vgl. Flechtheim LZ 1911 Sp. 686
3) Vgl. Martin VersR 74, 827
4) Martin VersR 74, 827; VersR 78, 882
5) Martin VersR 78, 883
6) Martin VersR 78, 882 f.; ähnlich Flechtheim LZ 1911 Sp. 686

Doppelversicherung, denn der Verlust des Fahrzeugs stelle auch für den Kaskoversicherer zunächst ein die Ersatzpflicht auslösendes Ereignis dar.[1] Für die Regreßlage ergebe sich indes auf der zweiten Stufe, daß hinsichtlich des Sachersatzinteresses des Obhutspflichtigen in beiden entschiedenen Fällen keine Doppelversicherung bestanden habe.[2] Daher sei der Kaskoversicherer nicht durch § 59 II VVG daran gehindert gewesen, Regreß in voller Höhe zu nehmen.

Flechtheim [3] hat daraus für den Wirkungsbereich einer in der Werkstattversicherung enthaltenen Subsidiaritätsabrede gefolgert, daß sich der Werkstattversicherer in Fällen, in denen der Obhutspflichtige den Schaden zu vertreten habe, nicht auf die Subsidiarität berufen könne.
Der Obhutspflichtige stünde anderenfalls dem Kaskoversicherer, der ihn aus nach § 67 VVG übergegangenem Recht in Anspruch nehmen könne, schutzlos gegenüber. Das widerspreche dem Vertragszweck, der mit der Versicherung für fremde Rechnung verfolgt werde. Die Subsidiaritätsabrede könne daher nur so verstanden werden, daß sie bei verschuldeten Schäden nicht eingreife.[4]
Man könnte auch folgendermaßen argumentieren: Subsidiaritätsabreden sollten grundsätzlich nur dann die Haftung aussetzen, wenn ohne sie Doppelversicherung bestünde, d.h. der Versicherte solle den Schaden nicht selbst tragen. Bezüglich des Sachersatzinteresses bestünde nach dieser Ansicht ohnehin keine Doppelversicherung. Daher seien die Voraussetzungen für die

---

1) Martin VersR 78, 882 f.
2) Martin VersR 78, 882 f.
3) Flechtheim LZ 1911 Sp. 687; dessen Ausführungen betrafen den schon im älteren Schrifttum mehrfach erörterten Fall des Zusammentreffens einer Werkstattversicherung mit einer Kaskoversicherung eines Kfz-Eigentümers, der dem hier zuerst dargestellten Fall entspricht. Vgl. oben S. 53
4) Flechtheim LZ 1911 Sp. 687

Subsidiarität nicht erfüllt.

bbb) Gegner einer unmittelbaren Versicherung des Sachersatzinteresses in Versicherungen für fremde Rechnung

Die Gegenansicht [1] verneint eine unmittelbare Versicherung des Sachersatzinteresses in der Versicherung für fremde Rechnung. Der BGH [2] hat ausgeführt, daß der Beweggrund für den Abschluß der Sachversicherung für Rechnung des Eigentümers unverkennbar in dem Bestreben des Obhutspflichtigen liege, sein Haftpflichtinteresse zu decken. Dieses Motiv führe aber nicht dazu, daß sich der Charakter der tatsächlich gewählten Versicherungsform ändere.[3] Mit anderen Worten werde aus der Sachversicherung keine Haftpflichtversicherung. Es bestehe bei dieser Form der Versicherung nur ein mittelbarer Schutz des Obhutspflichtigen.[4] Infolgedessen sei Doppelversicherung zwischen der Fremdversicherung und der Kaskodeckung des Eigentümers anzunehmen.

Eine im Versicherungsfall vorzunehmende Differenzierung nach Schäden, die vom Obhutspflichtigen zu vertreten seien, und solchen, die allein den Eigentümer belasteten, könne nicht in Betracht kommen.[5] Das würde bedeuten, daß in Schadenfällen, die vom Obhutspflichtigen zu vertreten seien, die Existenz des Sachinteresses des Eigentümers verneint werden müßte, um eine Doppelversi-

---

1) Schirmer ZVersWiss 81, 674; vgl. Köhler VersR 68, 661; Bruck-Möller/Sieg § 74 Anm. 6; vgl. BGHZ 22, 109, 114; 30, 40, 42 f.; BGH VersR 74, 536; LG Köln VersR 82, 1165 f.
2) BGH VersR 74, 536
3) BGH VersR 74, 536; Bruck-Möller/Sieg § 74 Anm. 6
4) Bruck-Möller/Sieg § 74 Anm. 6; so auch Flechtheim LZ 1911 Sp. 681
5) Köhler VersR 68, 662; Schirmer ZVersWiss 81, 675

cherung ablehnen zu können.[1] Diese Annahme sei nicht haltbar, denn das Eigentümerinteresse bestehe unabhängig davon, ob wegen des Verlustes oder einer Beschädigung Ersatzansprüche des Eigentümers bestünden oder nicht. Das Eigentümerinteresse wandle sich nicht aufgrund eines Ersatzanspruchs gegen den Schädiger in ein ausschließliches Interesse an dessen Zahlungsfähigkeit um.[2] Nicht zuletzt aus diesen Gründen sei eine Aufspaltung des versicherten Interesses in Eigentümerinteresse und Sachersatzinteresse abzulehnen. [3]

Für die Regreßfrage ergebe sich danach folgendes: Leiste der Fremdversicherer zuerst, so stehe ihm der Ausgleichsanspruch aus § 59 II VVG gegen den Kaskoversicherer zu.[4] Werde der Kaskoversicherer zuerst in Anspruch genommen, dürfe das Ergebnis kein anderes sein.[5] Ein Regreß des Kaskoversicherers aus § 67 VVG scheitere an der insoweit abschließenden Sonderregelung des § 59 II VVG.[6] Der VN eines anderen Versicherungsvertrages, der Doppelversicherung begründe, sei nicht Dritter i.S.d. § 67 VVG.[7]

Werde zwischen dem Obhutspflichtigen und dem Eigentümer ein Haftungsausschluß für leichte Fahrlässigkeit vereinbart, müsse der Sachversicherer des Eigentümers dies gegen sich gelten lassen. Mangels Haftung werde dem Versicherer die Regreßmöglichkeit genommen. Wenn der

---

1) Schirmer ZVersWiss 81, 675
2) Schirmer ZVersWiss 81, 675
3) Vgl. Bruck-Möller/Sieg § 74 Anm. 8; vgl. Schirmer ZVersWiss 81, 675 f.
4) Schirmer ZVersWiss 81, 678
5) Schirmer ZVersWiss 81, 678
6) Stiefel/Hofmann nach § 13 AKB Rz. 5; Schirmer ZVers Wiss 81, 678
7) Stiefel/Hofmann nach § 13 AKB Rz. 5; E. Prölss NJW 60, 1904; vgl. Schirmer ZVersWiss 81, 673; BGH VersR 76, 847 f.; OLG Stuttgart VersR 64, 584; differenzierend Prölss-Martin § 67 Anm. 3

Versicherer des Eigentümers haftungsausschließende Vereinbarungen hinnehmen müßte, solange sich diese im üblichen Rahmen hielten, sei auch eine Beschränkung der Regreßforderung auf den Ausgleichsanspruch aus § 59 II VVG hinnehmbar, obwohl sie ohne ein Zutun des Versicherers des Eigentümers eintrete.[1]
Nach dieser Ansicht bestünde in beiden skizzierten Fällen Doppelversicherung.

Erweiterte man die Fälle nun wiederum dahingehend, daß die jeweilige Fremdversicherung eine Subsidiaritätsabrede enthielte, wären danach eigentlich die Voraussetzungen für ein Eingreifen der Subsidiarität erfüllt. Aber auch bei Zugrundelegung dieser Ansicht stellte sich die Frage, ob sich der Fremdversicherer in Fällen, in denen der Schaden von seinem VN, dem Obhutspflichtigen, zu vertreten wäre, auf die Subsidiarität berufen könnte.

Aufgrund der Subsidiaritätsabrede in der Kundenversicherung würde das Eintreten einer Doppelversicherung verhindert. Das bedeutete aber, daß dem Regreßanspruch (§ 67 VVG) des gegebenenfalls zuerst in Anspruch genommenen Kaskoversicherers nun nicht die Sonderregelung des § 59 II VVG entgegenstünde. Der Regreß wäre gegenüber dem Obhutspflichtigen in voller Höhe durchsetzbar. Diese Möglichkeit widerspricht aber, wie oben bereits erläutert, dem Vertragszweck der Kundenversicherung, der unter anderem darin besteht, den Obhutspflichtigen auch bei fahrlässiger Schadensverursachung wirtschaftlich von jeglicher Haftung freizustellen. Auch wenn man eine unmittelbare Mitversicherung des Sachersatzinteresses in der Kundenversicherung ablehnt, ergäbe die Auslegung einer einfachen Subsidiaritätsabrede in solch

---

1) Schirmer ZVersWiss 81, 678

einer Versicherung, daß ihre Wirkung bei von dem VN zu vertretenden Schadenfällen nicht eintreten soll.[1]

ccc) Zwischenergebnis

Unabhängig davon, ob man der Ansicht folgt, die eine unmittelbare Versicherung des Sachersatzinteresses annimmt und daher in den geschilderten Fällen Doppelversicherung ablehnt, oder mit der Gegenansicht von einem lediglich mittelbaren Schutz des VN der Versicherung für Rechnung des Eigentümers ausgeht, ergibt sich für die Auslegung einfacher Subsidiaritätsabreden in Versicherungen für fremde Rechnung, daß der Fremdversicherer sich grundsätzlich nur dann auf die Subsidiarität berufen kann, wenn sein VN den Schaden nicht zu vertreten hat.

bb) Ausnahme bei Regreßverzicht in konkurrierender Versicherung des Eigentümers

Zu prüfen bleibt, ob sich an dem soeben gewonnenen Auslegungsergebnis etwas ändert, wenn die konkurrierende Versicherung des Eigentümers einen Regreßverzicht zugunsten des Schädigers enthält. Eine derartige Regelung ist, wie oben erwähnt, in § 15 II AKB getroffen. Danach ist ein Regreß des Kaskoversicherers gegen einen berechtigten Fahrer bei leichter Fahrlässigkeit ausgeschlossen. In dem ersten Fall, in dem das Kfz während einer Probefahrt nach einer Reparatur von einem Monteur leicht fahrlässig beschädigt wurde, könnte der Regreßverzicht des Kaskoversicherers für eine in der Werkstattversicherung enthaltene Subsidiaritätsabrede Be-

---

1) Vgl. Schirmer ZVersWiss 81, 740 zur Auslegung von § 16 AMOB

deutung gewinnen.

Die oben dargestellte Kontroverse wirkt sich auch hier insofern aus, als der Regreßverzicht nach der ersten Ansicht [1] eine unmittelbare Mitversicherung des Sachersatzinteresses des obhutspflichtigen Werkstattinhabers bedeutete, somit auch nach dieser Ansicht Doppelversicherung bestünde, während nach der anderen Ansicht [2], die ohnehin von Doppelversicherung zwischen Werkstatt- und Kaskoversicherung ausginge, nur ein mittelbarer, reflexartiger [3] Schutz anzunehmen wäre. Wiederum unabhängig davon, welche Stellung man zu der streitigen Frage bezieht, läßt sich folgendes feststellen:

Wäre die Kaskoversicherung auf Basis der derzeit gültigen Bedingungen, also unter Einschluß des § 15 II AKB abgeschlossen worden, entfiele für den Obhutspflichtigen zumindest bei leichter Fahrlässigkeit die sonst drohende Inanspruchnahme seitens des Kaskoversicherers.[4] Demnach könnte der Fremdversicherer den Einwand der Subsidiarität auch dann ohne Nachteil für seinen VN geltend machen, wenn dieser sich den leicht fahrlässig verursachten Schaden zurechnen lassen müßte.

Der oben erarbeitete Ergebnissatz für die Auslegung einfacher Subsidiaritätsbestimmungen in Kundenversicherungen gilt folglich mit der Einschränkung, daß die Ersatzpflicht des Subsidiärversicherers entfällt,

---

1) Vgl. die in S. 54 Fußn. 1 Genannten
2) Vgl. die in S. 58 Fußn. 1 Genannten
3) Bruck-Möller/Sieg § 74 Anm. 8
4) Zugleich muß ein Regreß des Eigentümers selbst als ausgeschlossen gelten (z.B. infolge Verzichts), sonst wäre der zwischen Kaskoversicherer und Eigentümer vereinbarte Regreßverzicht gegenstandslos.

wenn ein in der konkurrierenden Versicherung enthaltener Regreßausschluß dem VN des subsidiär haftenden Fremdversicherers zugute kommt.

c) Beweisfragen

Abschließend soll in der Reihe der hier untersuchten Probleme der Subsidiaritätsabreden ein praktisch relevanter Fragenkomplex erörtert werden, der jüngst von Fenyves [1] aufgegriffen wurde.
Abstrakt formuliert gilt es festzustellen, wen die Beweislast bezüglich des Eintritts der Subsidiarität trifft und ob und gegebenenfalls in welchem Umfang sich im Schadenfall aufgrund einer Subsidiaritätsabrede besondere Aufklärungs- bzw. Mitwirkungspflichten für den VN ergeben.
Im einzelnen geht es um folgende Fragen:

Kann der VN den Subsidiärversicherer bereits dann in Anspruch nehmen, wenn er übereinstimmend mit dem Versicherer eines konkurrierenden Vertrages der Auffassung ist, daß letzterer für einen eingetretenen Schaden nicht zu leisten habe?

Ist der VN aufgrund einer Subsidiaritätsabrede gehalten, den konkurrierenden Versicherer im Falle widerstreitender Standpunkte hinsichtlich dessen Ersatzpflicht gerichtlich in Anspruch zu nehmen?

Inwieweit besteht eine Verpflichtung des VN, dem Subsidiärversicherer Auskunft über die konkurrierende Versicherung zu erteilen, insbesondere, wenn diese nicht von ihm selbst, sondern von einem Dritten für seine Rechnung abgeschlossen wurde?

---

1) Fenyves, Aktuelle Probleme der Subsidiaritätsklausel

aa) Subsidiaritätsabreden und Beweislast

Bei der Prüfung der Voraussetzungen, unter denen der VN einen Subsidiärversicherer im Schadenfall in Anspruch nehmen kann, stellt sich zunächst die Frage, wer von beiden die Ersatzpflicht bzw. deren Ausschluß infolge Subsidiarität zu beweisen hat.

Da keine besondere gesetzliche Beweislastregel existiert, ist anhand der allgemeinen Grundsätze zur Beweislastverteilung zu entscheiden. Danach trägt prinzipiell jede Partei die Darlegungs- und Beweislast für die tatbestandlichen Voraussetzungen einer Norm, aus der sie eine für sich günstige Rechtsfolge herleiten will.[1] Wer sich auf ein ihm zustehendes Recht beruft, muß also die rechtsbegründenden und -erhaltenden Tatsachen vortragen und beweisen, wohingegen die andere Partei zur Verteidigung die rechtshindernden, rechtsvernichtenden und rechtshemmenden Umstände dartun und beweisen muß. Dabei ist zum einen zu beachten, daß sich die Beweislast reduzieren kann, wenn die beweisbelastete Partei in der Lage ist, den Anscheinsbeweis zu führen. Zum anderen darf die Anwendung der allgemeinen Grundsätze nicht dazu führen, daß eine der Parteien in eine unerträgliche Beweisnot gebracht wird. Auf einfache Subsidiaritätsabreden bezogen bedeutet dies folgendes:

Ein Versicherer, der sich auf eine Subsidiaritätsbestimmung beruft, macht eine Beschränkung bzw. den Ausschluß seiner Leistungspflicht, mithin eine für ihn günstige, gewissermaßen rechtsvernichtende Einwendung geltend. Er ist folglich prinzipiell für den Eintritt

---

1) BGH NJW 83, 2018; 2944; Baumbach/Lauterbach/Albers/Hartmann Anh. § 286 Anm. 2 B; Zöller vor § 284 Rz. 17; Thomas/Putzo Vorbem. § 284 Anm. 7 d; Rosenberg-Schwab § 118 IV 1

aller tatbestandlichen Voraussetzungen der Subsidiaritätsbestimmung darlegungs- und beweispflichtig.[1] Dazu gehören bei einer einfachen Subsidiaritätsabrede die Existenz eines konkurrierenden Versicherungsvertrages, der dasselbe Interesse abdeckt, und die Ersatzpflicht des anderweitigen Versicherers zur Zeit des Schadeneintritts.[2]
Die Beweisführung kann indes durch die Wirkung eines prima-facie-Beweises erleichtert werden. Legt der Versicherer zum Beispiel den Policentext der konkurrierenden Versicherung vor, und ergeben sich bei der Auslegung dieses Vertrages keine Hinweise darauf, daß der anderweitige Versicherer leistungsfrei ist, wird man die nicht weiter substantiierte Behauptung des VN, der Subsidiärversicherer könne sich mangels erlangbarer anderweitiger Versicherungsleistung nicht auf die Subsidiaritätsbestimmung berufen, nicht als ausreichend ansehen können. Ebenso wird zu entscheiden sein, wenn der Subsidiärversicherer den Abschluß eines anderweitigen Versicherungsvertrages, in dem üblicherweise das fragliche Wagnis mitversichert ist, durch den VN oder für dessen Rechnung nachweist. In solchen Fällen ist vielmehr der VN damit belastet, die Umstände, die eine Ersatzpflicht des konkurrierenden Versicherers ausschließen, darzutun und erforderlichenfalls zu beweisen.[3]

Fenyves hat in diesem Zusammenhang auf die Fälle hingewiesen, in denen der VN behauptet, daß der konkurrie-

---

1) Vgl. Fenyves S. 8 f.; vgl. zur Beweislast bei der gesetzlichen Subsidiaritätsregelung des § 158 c IV VVG : Schirmer VersR 86, 831; Prölss-Martin § 158 c Anm. 7 d; BGH VersR 78, 609, 611; 83, 84
2) Vgl. Fenyves S. 9; Martin Montagevers. § 16 Rz. 2. 5 anders bei einer qualifizierten Subsidiaritätsabrede, dort genügt der Subsidiärversicherer seiner Beweispflicht allein durch den Nachweis eines z. Zt. des Versicherungsfalles existierenden weiteren Versicherungsvertrages.
3) Vgl. Fenyves S. 9 f.

rende Vertrag zur Zeit des Schadeneintritts nicht mehr wirksam bestanden hätte oder der Deckungsumfang der anderweitigen Versicherung entgegen einer unbefangenen Auslegung das betreffende Risiko nicht mitumfasse.[1] Weitergehend läßt sich formulieren, daß alle Umstände, die die Ersatzpflicht des konkurrierenden Versicherers einschränken oder ausschließen, aber nicht unmittelbar aus dem Vertragstext erkennbar sind, in den seitens des VN beweispflichtigen Bereich fallen. Zu nennen sind zum Beispiel eine nur teilweise Ersatzpflicht des konkurrierenden Versicherers aufgrund von Unterversicherung oder die Leistungsfreiheit aufgrund einer Obliegenheitsverletzung vor dem Schadenfall.

bb) Besondere Verhaltensanforderungen an den VN aufgrund vereinbarter Subsidiarität

Aufgrund der dargestellten Beweislastverteilung befindet sich der Subsidiärversicherer auf den ersten Blick in einer schwierigen Lage. Ist er doch allein zur Erlangung der Kenntnis von der konkurrierenden Versicherung bereits weitgehend auf die Aufklärung durch den VN angewiesen. Die Beweisschwierigkeiten des Versicherers bestehen darin, daß praktisch alle beweiserheblichen Umstände der Sphäre des VN zuzurechnen sind. Und auch der konkurrierende Versicherer, der aufgrund der Subsidiaritätsabrede nicht in den Genuß des Ausgleichsanspruchs aus § 59 II VVG gelangt, wird häufig nicht zur Erteilung von Auskünften geneigt sein.

Vor diesem Hintergrund ist zu prüfen, ob den VN besondere Aufklärungs- oder Mitwirkungspflichten treffen, welche die Beweisführung des Subsidiärversicherers erleichtern könnten. Zu erwägen wären zum Beispiel die Pflicht zur Auskunft über anderweitige Versicherungen,

---

1) Vgl. Fenyves S. 9 f.

die Pflicht zur Herbeischaffung wesentlicher Unterlagen über die anderweitige Versicherung, oder man könnte gar an eine Einrede der Vorausklage denken, wie sie gemäß § 771 BGB dem Bürgen als Subsidiärschuldner zusteht.

Als Rechtsgrundlage für derartige Verhaltensanforderungen kämen zuerst die Subsidiaritätsabreden selbst in Betracht. Aus den in der Praxis anzutreffenden Subsidiaritätsklauseln lassen sich solche Regelungen indes nicht herleiten.
Als Grundlage für Mitwirkungspflichten des VN könnte man weiterhin § 162 I BGB erwägen. § 162 BGB wird über seinen unmittelbaren Anwendungsbereich hinaus als Ausdruck eines allgemeinen Rechtsgedankens verstanden, demzufolge niemand daraus Vorteile ziehen darf, daß er treuwidrig den Eintritt eines bestimmten Ereignisses wie einer Bedingung verhindert.[1] Zwar sind zahlreiche Subsidiaritätsabreden konstruktiv als Bedingung ausgestaltet. Dennoch enthält § 162 I BGB weder seinen Voraussetzungen noch seiner Rechtsfolge nach eine passende Regelung für den Fall, daß ein VN dem Subsidiärversicherer gegenüber die erforderliche Aufklärung über eine anderweitig bestehende Versicherung verweigert.
Die Bedingung in einfachen Subsidiaritätsabreden knüpft allein objektiv an einen zur Zeit des Schadeneintritts wirksamen anderweitigen Versicherungsanspruch des VN an. Die Weigerung, Auskünfte zu erteilen, kann daher auf den objektiv nachprüfbaren Bedingungseintritt keinen ursächlichen Einfluß haben.
Auch ein Blick auf die Rechtsfolge des § 162 I BGB bestätigt die Nichtanwendbarkeit der Norm. In § 162 I BGB wird der Eintritt der Bedingung, welcher unzulässig vereitelt wurde, fingiert. Bei fehlender Aufklärung durch den VN tritt die Subsidiarität bei Vorliegen aller Voraussetzungen der Subsidiaritätsbestimmung ohne-

---

1) Vgl. Palandt-Heinrichs § 162 Anm. 4

hin ein, so daß es einer Fiktion nicht bedarf.

aaa) Auskunfts- bzw. Aufklärungspflicht des VN

Das Versicherungsvertragsgesetz enthält in den §§ 11 und 34 Bestimmungen über die Mitwirkung des VN bei der Feststellung der Ersatzpflicht des Versicherers. Diese Regelungen kommen dem Versicherer auch im Hinblick auf die Beweisführung bei vereinbarter Subsidiarität zugute.

Gemäß § 11 III VVG tritt die Fälligkeit des Leistungsanspruchs solange nicht ein, wie die zur Feststellung des Schadens und der Ersatzpflicht erforderlichen Erhebungen aufgrund eines Verschuldens des VN nicht abgeschlossen werden können. Ein Verschulden des VN ist unter anderem dann anzunehmen, wenn der VN die für die Erhebungen erforderliche Mitwirkung, welche zum Beispiel die Erteilung von Auskünften und die Überlassung von Belegmaterial gemäß § 34 VVG umfaßt. Der VN ist durch § 34 I VVG gehalten, dem Versicherer im Schadenfall auf Verlangen Auskünfte zu erteilen, soweit diese für die Feststellung der Ersatzpflicht notwendig sind. Darüberhinaus muß der VN gemäß § 34 II VVG dem Versicherer im Rahmen des Zumutbaren die betreffenden Belege verschaffen. Die Mitwirkungspflichten der §§ 11 III und 34 VVG decken sich insofern.

Zu den Gegenständen, über die der Versicherer Auskünfte beziehungsweise Belege verlangen kann, gehören auch etwaig daneben bestehende anderweitige Versicherungen.[1] Ein berechtigtes Interesse des Versicherers an diesen Informationen besteht insbesondere bei Vereinbarung einer Subsidiaritätsabrede.[2] In zahlreichen Bedin-

---

1) Prölss-Martin § 34 Anm. 2 A; BGH VersR 81, 625; OLG Stuttgart VersR 79, 366
2) Fenyves S. 11

gungswerken sind daher sowohl die Auskunfts- und Belegpflicht des § 34 VVG als auch die Anzeige weiterer Versicherungen als vertragliche Obliegenheiten enthalten.[1] Das einschränkende Merkmal der Zumutbarkeit enthält das Gesetz nur bezogen auf die Belegpflicht in § 34 II VVG. Es ist aber auch auf die allgemeinere Auskunftspflicht zu beziehen.[2] In jedem Fall ist es als mißbräuchlich anzusehen, wenn der Versicherer, etwa nur um Zeit zu gewinnen, schikanöse Auskunftsverlangen stellt.[3] Für die Zumutbarkeit läßt sich im übrigen kein einheitlicher Maßstab bilden.

Ein besonderes Problem entsteht bezüglich der Auskunfts- und Belegpflicht gegenüber dem Subsidiärversicherer, wenn der VN den anderweitigen Versicherungsvertrag nicht selbst abgeschlossen hat, sondern es sich um eine Fremdversicherung zu seinen Gunsten handelt. Martin geht im Hinblick auf die Subsidiaritätsbestimmung in § 16 AMOB davon aus, daß der VN gegebenenfalls seinen Auskunftsanspruch gegenüber dem VN der Fremdversicherung geltend machen müßte, um seinerseits dem Auskunftsverlangen seines Subsidiärversicherers gerecht zu werden.[4]
Schwierigkeiten ergeben sich, wenn die Fremdversicherung nicht aufgrund einer vertraglichen Verpflichtung, aus welcher korrespondierend ein auf die Versicherung bezogener Auskunftsanspruch hergeleitet werden könnte [5], sondern gewissermaßen als Serviceleistung für den Vertragspartner gratis abgeschlossen worden ist. In solchen Fällen ist bereits die Existenz eines Auskunftsanspruchs gegenüber dem VN der Fremdversicherung

---

1) Vgl. z.B. §§ 9 I, 13 I c AERB 87, AFB 87; § 9 II und IV MBKK
2) Vgl. Fenyves S. 13; Prölss-Martin § 11 Anm. 2; öOGH VersR 79, 170
3) Vgl. Bruck-Möller/Möller § 34 Anm. 14
4) Martin Montagevers. § 16 Rz. 2. 5
5) Vgl. Palandt-Heinrichs § 261 Anm. 2 d

fraglich. Wenn indes ein Auskunftsanspruch besteht, ist weiter zu fragen, ob der VN des Subsidiärversicherers diesen Auskunftsanspruch gegebenenfalls sogar gerichtlich durchsetzen muß, um seiner Mitwirkungspflicht zu genügen. Eine derartige Erstreckung der Mitwirkungspflichten erscheint aus zwei Gründen nicht mehr zumutbar.[1] Zum einen würde die Regulierung auf der Grundlage der Subsidiärdeckung durch das Abwarten einer rechtskräftigen Entscheidung über den Auskunftsanspruch gegen den VN der Fremdversicherung über Gebühr verzögert. Zum anderen müßte der VN die Kosten des Rechtsstreits eventuell selbst tragen. Als Rettungskosten i. S.d. § 63 VVG wären sie gegenüber dem Subsidiärversicherer jedenfalls nicht liquidierbar.

bbb) Weitergehende Mitwirkungspflichten des VN

Weitere Mitwirkungspflichten des VN, die über das erläuterte Maß hinausgehen, bestehen nicht. Insbesondere steht dem Subsidiärversicherer nicht eine Einrede der Vorausklage in Analogie zu § 771 BGB zu. Dies ergibt sich aus zwei grundlegenden Überlegungen.
Man könnte zwar erwägen, ob sich die Pflicht, in Zweifelsfällen vorab einen Deckungsprozeß gegen den konkurrierenden Versicherer zu führen, aus der Schadenminderungspflicht des § 62 I VVG ergibt.
Fenyves [2] hat indes zu Recht darauf hingewiesen, daß § 62 I VVG für diesen Fall keine Regelung trifft. § 62 VVG enthält die Anforderung an den VN, sich so zu verhalten, als sei er unversichert [3], mit anderen Worten in einem Schadenfall, in dem die Leistungspflicht des Versicherers festeht, zum einen das Schadenausmaß und zum anderen den Umfang der Entschädigungspflicht mög-

---

1) Vgl. dazu auch Fenyves S. 14
2) Fenyves S. 16
3) Vgl. RGZ 112, 384, 386; BGH VersR 68, 140

lichst gering zu halten.[1] Dazu zählt auch die Pflicht, etwaige Regreßmöglichkeiten zu wahren.[2] Hier geht es dagegen um die vorgelagerte Feststellung, ob und in welchem Umfang der Subsidiärversicherer überhaupt eintrittspflichtig ist.[3]

Weiter ergibt sich auch aus prozessualen Gesichtspunkten, daß der VN nicht zu einer Vorausklage verpflichtet sein kann. In einem Deckungsprozeß zwischen VN und Subsidiärversicherer müßte die Existenz eines anderweitigen Versicherungsanspruchs zur Zeit des Schadeneintritts gegebenenfalls durch Erhebung der erforderlichen Beweise geklärt werden.[4] Dabei wäre das Gericht nicht an ein über die Vorausklage gegen den konkurrierenden Versicherer ergangenes Urteil gebunden. Der VN könnte zwar durch eine Streitverkündung vermeiden, in beiden Prozessen aufgrund der Beweislage zu unterliegen. Doch ist es für den VN eindeutig nicht zumutbar, in Streitfällen über die Voraussetzungen des Eintritts der Subsidiarität zwei Prozesse führen zu müssen.[5] Ausschlaggebend für die Fälligkeit des Leistungsanspruchs gegen den Subsidiärversicherer ist vielmehr allein die objektive Rechtslage. In einem Deckungsprozeß zwischen VN und Subsidiärversicherer werden zum einen die objektiven Voraussetzungen der Subsidiaritätsabrede geprüft. Dabei ist die oben erläuterte Beweislastverteilung zu beachten. Zum anderen entscheidet das Gericht im Rahmen der Fälligkeit des Anspruchs darüber, ob der VN seinerseits alles Zumutbare getan hat, um seiner Aufklärungspflicht gerecht zu werden. Nach diesen Umständen richten sich die Verhaltensanforderungen des VN wie des Subsidiärversicherers während der Schadenabwicklung.

---

1) Prölss-Martin § 62 Anm. 2 a
2) Prölss-Martin § 62 Anm. 2 a bb; öOGH VersR 80, 592
3) Vgl. Fenyves S. 16
4) Martin Montagevers. § 16 Rz. 2. 5
5) Vgl. Fenyves S. 16 f.

2. Haftung bei qualifizierter Subsidiarität

Bei qualifizierter Subsidiarität soll die Haftung des Versicherers bereits dann entfallen, wenn ein anderweitiger Versicherungsvertrag existiert, durch den das betreffende Risiko abgedeckt wird. Entscheidend ist, daß der konkurrierende Vertrag zum Zeitpunkt des Schadeneintritts wirksam besteht. Anderweitige Deckungen, die entweder vor oder während der Laufzeit der subsidiären Versicherung abgeschlossen worden, aber vor Eintritt des Versicherungsfalles erloschen sind, führen daher nicht zur Leistungsfreiheit des Subsidiärversicherers. Insoweit unterscheidet sich die qualifizierte Subsidiaritätsabrede von den oben erläuterten Vereinbarungen, nach denen die Haftung des Versicherers durch den Abschluß eines weiteren Vertrages endgültig endet. Eine qualifizierte Subsidiaritätsabrede ließe sich insoweit unmißverständlich so formulieren:

Der Versicherer gewährt keinen Versicherungsschutz für Sachen, für welche z.Zt. des Schadeneintritts ein anderweitiger Versicherungsvertrag besteht, und zwar unabhängig von der Leistungspflicht des anderweitigen Versicherers im Schadenfall.

Gegenüber einer solchen Abrede könnte der Versicherte m.a.W. nicht mit dem Einwand durchdringen, daß er aus der weiteren Versicherung nur anteilige oder gar keine Entschädigung erhalten könne, die subsidiäre Deckung somit faktisch den einzigen Versicherungsschutz darstelle.
In der Literatur wird vertreten, daß qualifizierte Subsidiaritätsabreden keine eigentlichen Subsidiaritätsbestimmungen, welche eine nachrangige Haftung herstellten, sondern Risikoausschlüsse darstellten. Der Versicherer wolle dabei nämlich nur unter auflösender Bedingung der anderweitigen Versicherung, d. h. neben einem anderen Versicherer nicht nachrangig, sondern

gar nicht haften.[1] Dabei wird verkannt, daß der bedingte Risikoausschluß gerade als Mittel verwendet wird, um die Rangfolge zwischen den Haftungen herzustellen. Die Möglichkeit des Wiederauflebens der subsidiären Haftung bei Erlöschen der anderweitigen Deckung zeigt, daß der qualifiziert subsidiäre Versicherungsschutz nicht völlig ausgeschlossen ist, sondern nur ruht. Zu Recht ist daher mit Martin [2] davon auszugehen, daß die Bezeichnung Subsidiaritätsabrede auch im Falle der qualifizierten gerechtfertigt ist.

3. Auslegung von Subsidiaritätsabreden

Die Frage, ob die Subsidiarität generell oder nur gegenüber Spezial-, Fremd- oder Außenversicherungen u. s. w. bestehen soll, wird in den meisten Fällen zweifelsfrei zu beantworten sein, weil es zur Annahme solch spezieller Einschränkungen der Subsidiarität stets eines ausdrücklichen Hinweises in der Abrede bedarf. Die Entscheidung, ob es sich im Einzelfall um eine einfache oder qualifizierte Subsidiaritätsabrede handelt, kann indes angesichts der verschiedenen denkbaren und in der Praxis verwendeten Formulierungen problematisch sein. Der Wortlaut mancher Abreden läßt in dieser Frage keinen eindeutigen Schluß zu, obwohl dies für den VN von großer Bedeutung ist. Ist der anderweitige Versicherer aufgrund einer Obliegenheitsverletzung vor dem Schadenfall, von Unterversicherung oder eines Selbstbehalts nur teilweise oder gar nicht eintrittspflichtig, ist ganz entscheidend, ob der Subsidiärversicherer in Höhe des jeweiligen Entschädigungsausfalls leisten muß oder nicht. Das Problem, welches auftritt, wenn auch der andere Vertrag eine Subsidiaritätsabrede enthält, soll hier noch zurückgestellt bleiben.

---

1) Vogel ZVersWiss 73, 573
2) Prölss-Martin § 59 Anm. 6 A b; vgl. aber auch Martin SVR H IV 49

a) Literatur zur Auslegung

Im Schrifttum [1] wird einheitlich eine enge Auslegung von Subsidiaritätsabreden befürwortet. Selbst wenn der Wortlaut ungenau sei [2], oder gar für eine weitere Auslegung spreche [3], seien die Abreden im Zweifel als einfache Subsidiaritätsbestimmungen anzusehen.

Subsidiaritätsabreden bedeuteten eine für den VN nachteilige Abweichung vom Gesetzesrecht.[4] Die Motive für die Aufnahme von Subsidiaritätsbestimmungen in Versicherungsverträge lägen, so wird argumentiert [5], vorwiegend in der Sphäre des Versicherers. Dieser wolle sich nach Möglichkeit von der Haftung befreien. Die Subsidiarität habe aber in der Regel keinen unmittelbaren Einfluß auf die Prämienhöhe. Die Fälle, in denen der Versicherer aufgrund der Subsidiaritätsabrede nicht zu leisten brauche, könnten allenfalls pauschal bei der Prämienkalkulation berücksichtigt werden.[6] Subsidiaritätsabreden seien daher nicht als anspruchsvernichtende Negativbedingungen aufzufassen, für deren Wirksamkeit allein das Bestehen eines anderweitigen Versicherungsvertrages ausreiche [7], sondern sollten nur erreichen, daß der subsidiär haftende Versicherer sich soweit entlasten könne, wie es nach dem konkurrierenden Ver-

---

1) Blanck Entschädigungsberechnung S. 82 f.; ders. NeumZ 1927, S. 725 f.; Kümmerlein ZHR 98, 377, 378 f.; Bruck-Möller/Möller § 59 Anm. 53; Möller in Festschr. f. Sieg S. 407, 415; Prölss-Martin § 59 Anm. 6 A; v.Jordan VersR 73, 396 f.; Winter Bedarfsdeckung in der Sachversicherung S. 45 f.
2) Blanck Entschädigungsberechnung S. 82 f.
3) Prölss-Martin § 59 Anm. 6 A a
4) Bruck-Möller/Möller § 59 Anm. 53
5) Möller in Festschr. f. Sieg S. 415
6) Bruck-Möller/Möller § 59 Anm. 53; vgl. Martin SVR V I 22
7) Blanck NeumZ 1927, S. 725 f.

trag möglich sei.[1] Der Zweck der Subsidiaritätsabreden erschöpfe sich grundsätzlich darin, die Haftung des Versicherers bei Beteiligung eines anderen Versicherers einzuschränken [2].Der Versicherer solle danach nur soweit leistungsfrei sein, als der Versicherte von dem anderen Versicherer Ersatzleistung erlangen könne.[3] Der Versicherer werde durch die Vereinbarung der Subsidiarität nicht zum Nichtversicherer [4]. Es sei vielmehr eine ersatzweise Haftung vorgesehen. Insofern seien qualifizierte oder uneingeschränkte Subsidiaritätsabreden, die eine Entschädigung generell ausschließen sollten, bei kundenfreundlicher Auslegung nur selten anzutreffen. [5]

Erst in jüngerer Zeit wird vertreten [6], daß die Auslegung von Subsidiaritätsabreden in Ausnahmefällen zur Annahme qualifizierter Subsidiarität führen könne, wenn mit der Subsidiaritätsvereinbarung eine konkrete Prämienersparnis verbunden sei.

Hier sei z.B. an Fälle zu denken, in denen der VN mittels einer Subsidiaritätsabrede Gegenstände, für die anderweitiger Versicherungsschutz bestehe, aus einem versicherten Inbegriff [7] ausklammern wolle, um einenteils die Versicherungssumme und damit die Prämienbelastung zu senken, anderenteils aber nicht in die Gefahr der Unterversicherung zu geraten.[8]

---

1) Winter a.a.O.
2) Blanck NeumZ a.a.O.
3) Winter a.a.O.
4) Möller in Festschr. f. Sieg S. 415
5) Möller in Festschr. f. Sieg S. 415
6) Martin VersR 73, 691 f.; Möller in Festschr. f. Sieg S. 415 f.; Bruck-Möller/Möller § 59 Anm. 53
7) Vgl. grundsätzlich dazu die Kommentierung bei Prölss-Martin zu § 54
8) Prölss-Martin § 59 Anm. 6 A b

b) Rechtsprechung zur Auslegung

Die Rechtsprechung [1] hat sich in den zumeist älteren Entscheidungen zu selbständigen Subsidiaritätsabreden nicht mit qualifizierter Subsidiarität auseinandergesetzt. Die Vereinbarungen wurden vielmehr auch bei unterschiedlicher Formulierung einheitlich im Sinne einfacher Subsidiarität ausgelegt.

Zuletzt hatte das Landgericht Hamburg [2] über einen Fall zweier verschiedener Subsidiaritätsklauseln, von denen eine ausdrücklich als einfache, die andere jedoch nicht eindeutig formuliert war, zu entscheiden. Auch in diesem Fall gingen die Richter davon aus, daß der übereinstimmende Sinn beider Bestimmungen darin bestand, lediglich die Ersatzpflicht des Versicherers im Rahmen der Haftung der anderen Versicherung auszusetzen und damit das Entstehen einer Doppelversicherung zu verhindern.[3]
Daneben wurde zum erstenmal zur Existenz qualifizierter Subsidiaritätsabreden Stellung genommen. Grundsätzlich seien solche bei besonderer entsprechend deutlicher Formulierung denkbar. In dem zu entscheidenden Fall sah das Gericht indes keine Veranlassung zur Annahme qualifizierter Subsidiarität.[4]

c) Auslegung von Subsidiaritätsklauseln unter Berücksichtigung des AGBG

Nicht erst seit Schaffung des AGBG ist anerkannt, daß

---

1) RG Urteil v. 18.2.1913 Mitteilungen f.d. öff. Feuerversicherungsanstalten 1913, S. 289; LG Hamburg Hans RGZ 1942 Teil B Sp. 201 ff.
2) VersR 78, S. 933 ff.
3) LG Hamburg a.a.O., S. 933
4) LG Hamburg a.a.O., S. 933f.

die Auslegung von Individualvereinbarungen einerseits und vorformulierten einseitig gestellten Geschäftsbedingungen andererseits verschiedenen Regeln folgen muß. [1] Insbesondere durch die Normierung der Unklarheitenregel in § 5 AGBG ist eine Besonderheit bei der Auslegung von AGB jetzt auch ausdrücklich Gesetzesinhalt geworden.

aa) Allgemeines zur Auslegung von Versicherungsbedingungen

Versicherungsbedingungen, soweit sie vorformuliert und zur wiederholten Verwendung bestimmt sind, also alle AVB zuzüglich geschäftsplanmäßig verwendeter Klauseln, sowie auch zahlreiche besondere Bedingungen, stellen AGB i.S.d. § 1 AGBG dar.[2]

Nachdem die Frage früher umstritten war, ob Versicherungsbedingungen grundsätzlich den Anforderungen des AGBG unterstellt sein sollten oder ob die aufsichtsrechtliche Kontrolle, soweit sie sich erstreckt, einen ausreichenden Schutz der Versicherten bietet, ist heute soweit ersichtlich allgemein anerkannt, daß das AGBG auf Versicherungsbedingungen Anwendung findet.[3]

Die Geltung des AGBG für Versicherungsbedingungen ergibt sich im übrigen, freilich mit der Einschränkung in § 23 III AGBG, schon aus der Erwähnung im Gesetz.

---

1) Vgl. statt vieler: Ulmer-Brandner-Hensen/Ulmer § 5 Rz. 16 m.w.N.
2) Prölss-Martin Vorbem. Anm. 6 A; Ulmer-Brandner-Hensen/Brandner Anh. §§ 9 - 11 Anm. I; Frenz VersR 79, 394
3) vgl Frenz a.a.O. S. 395; Helm NJW 1978, S. 129; Bruck-Möller/Winter Bd. V/2 Anm. A 46; vgl. auch BGHZ 83, 169,172

Da insbesondere die Geltung des § 5 AGBG, dessen Inhalt, die Unklarheitenregel, thematisch der Auslegung zuzuordnen ist, für Versicherungsbedingungen nicht gesetzlich ausgeschlossen ist, kann davon ausgegangen werden, daß sich für die Auslegung von Versicherungsbedingungen gegenüber anderen AGB keine grundsätzlichen Besonderheiten ergeben.

aaa) Objektive Auslegung

Als herrschend kann heute die sogenannte objektive Auslegung [1] angesehen werden, die mit der generellen Regelungsfunktion von AGB begründet wird [2]. Sie wird bisweilen, insbesondere bezogen auf Versicherungsbedingungen, auch als gesetzesförmige [3] Auslegung bezeichnet. Dabei bleibt aber zum einen zu beachten, daß AGB nicht wie materielle Gesetze eine vom Willen der Beteiligten unabhängige vorgegebene Ordnung schaffen, sondern zur Entfaltung ihrer Wirksamkeit einer vertraglichen Einbeziehung bedürfen.[4]

Dies gilt auch für aufsichtsrechtlich genehmigte AVB.

---

1) vgl. Wolf-Horn-Lindacher/Lindacher § 5 Rz. 5; Ulmer-Brandner-Hensen/Ulmer § 5 Rz. 13; Ulmer-Brandner-Hensen/Brandner Anh. §§ 9-11 Rz. 852; Prölss-Martin/Vorbem. Anm. III 8 a; Schmidt-Salzer Rz. E.33
2) Wolf-Horn-Lindacher/Lindacher § 5 Rz.5; BGHZ 79, 117, 118 f.
3) Prölss-Martin Vorbem. Anm. III 8 a; BGHZ 1, 83; 6, 373; BGH VersR 80, 668; 81, 173; 83, 850 dagegen: Wolf-Horn-Lindacher/Lindacher § 5 Rz. 5; Schlosser/Coester-Waltjen/Graba § 5 Rz. 14 ff.; MüKo Mayer-Maly § 133 Rz. 29
4) Vgl. Prölss-Martin Vorbem. Anm. 6 B a; a.A. Werber in Festschr. f. H. Möller S. 531 ausschließlich für Versicherungsbedingungen

Dies gilt auch für aufsichtsrechtlich genehmigte AVB. Nur gelten für diese gem. § 23 III AGBG nicht die besonderen Einbeziehungsvoraussetzungen des § 2 I Nr. 1 und 2 AGBG [1]. Zum anderen muß sich die Auslegung von AGB mit Rücksicht auf die Verständnismöglichkeiten des Vertragspartners allein auf Gesichtspunkte beschränken, die sich unmittelbar aus den Klauseln selbst bzw. deren Systematik erschließen lassen [2].
Die historische Auslegung, also der Blick auf die Entstehungsgeschichte, ein von jeher anerkanntes Mittel der Gesetzesauslegung, hat daher im Falle von AGB keinen Platz [3]. Der Begriff der gesetzesförmigen Auslegung darf deshalb nicht wörtlich verstanden werden.[4]

Auch im Bereich einzelvertraglicher Vereinbarungen spricht man von objektiver Auslegung gem. § 157 BGB, weil der Inhalt von Willenserklärungen aus der Sicht eines verständigen, objektiven Empfängers in der konkreten Situation ermittelt wird. [5]

AGB weisen gegenüber individuell vereinbarten Regelungen die Besonderheit auf, daß sie der Rationalisierung durch Standardisierung dienen sollen. Dieser Gesichtspunkt trifft gerade auch auf Versicherungsbedingungen in hohem Maße zu [6]. Der erstrebte Standardisierungseffekt setzt aber nicht nur voraus,

---

1) Generell werden an die Einbeziehungsvoraussetzungen für Versicherungsbedingungen vergleichsweise geringere Anforderungen gestellt, da jeder VN heute wissen muß, daß Versicherungsschutz üblicherweise nur unter Zugrundelegung vorformulierter Bedingungen gewährt wird. Vgl. dazu Prölss-Martin Vorbem. Anm. 6 B a m.w.N.
2) Bruck-Möller/Winter Bd. V/2 Anm. A 60
3) Bruck-Möller/Winter a.a.O.
4) Bruck-Möller/Winter a.a.O.; vgl. van de Loo S. 28; Schlosser/Coester-Waltjen/Graba § 5 Rz. 16
5) Vgl. statt vieler: Palandt-Heinrichs § 133 Anm. 4 c
6) Vgl. Ulmer-Brandner-Hensen/Brandner Anh. §§ 9-11 Rz. 852

daß der Klauselinhalt aus der Sicht eines verständigen Erklärungsempfängers bestimmt wird, sondern verlangt darüberhinaus eine einheitliche Auslegung, die unabhängig von den Umständen des Einzelfalles vorgenommen wird [1]. Der Begriff der objektiven Auslegung von AGB hat also eine Doppelbedeutung und ist im Sinne von objektiv generalisierend zu verstehen.
Das Verständnis des jeweiligen Erklärungsempfängers wird dabei allerdings nicht vollkommen unberücksichtigt gelassen, und insofern gilt das Vorgesagte mit einer Einschränkung. Es wird nämlich bei der Auslegung nach den Verständnismöglichkeiten der jeweils typischerweise am Geschäftsverkehr mit dem Verwender beteiligten Kreise differenziert. [2]

Bezogen auf Versicherungsbedingungen folgt daraus, daß bei der Auslegung u.a. darauf abgestellt werden muß, ob diese typischerweise in Verträgen mit Privatkunden, d. h. im sogenannten Massengeschäft, verwendet werden, oder zum Bestandteil von Versicherungsverträgen mit Industriekunden gemacht werden und ggfs. sogar auf Handelsbräuche Bezug nehmen.

bbb) Weitere Auslegungsgrundsätze

Allgemein ausgedrückt ist die Auslegung von vorformulierten Versicherungsbedingungen ausgehend vom

---

1) Ulmer-Brandner-Hensen/Ulmer § 5 Rz.13; MüKo-Kötz § 5 Rz. 2; Erman/Hefermehl § 5 Rz. 3; Palandt/Heinrichs § 5 Anm. 3; Schmidt-Salzer E. 33; BGHZ 79, 116,118f. BGH VersR 81, 176; 83, 850; speziell zu Versicherungsbedingungen: Bruck-Möller/Möller Einl. Anm. 69; Prölss-Martin Vorbem. Anm. III 8 a; a.A. Staudinger/ Schlosser § 5 Rz. 22; Wolf-Horn-Lindacher/Lindacher § 5 Rz. 6
2) Vgl. Ulmer-Brandner-Hensen/Ulmer § 5 Rz. 14; MüKo-Kötz § 5 Rz. 2; Wolf-Horn-Lindacher/Lindacher § 5 Rz. 9; Palandt/Heinrichs § 5 Anm. 3; BGHZ 22, 90,98; 33, 216, 218; 60, 174, 177; 79, 116, 118; 84, 268, 272

Wortlaut [1] der betreffenden Klausel anhand ihres wirtschaftlichen Zwecks, soweit dieser zumindest unvollkommen zum Ausdruck gekommen ist [2], vorzunehmen. Klauseln, die die übernommene Gefahr beschränken oder Gefahren ausschließen, dürfen nicht weiter ausgelegt werden, als ihr Zweck es erfordert.[3]

Läßt sich auf diese Weise der Klauselinhalt nicht eindeutig ermitteln, ist die Unklarheitenregel des § 5 AGBG anzuwenden. Im Individualprozeß ist danach von der für den VN günstigsten Interpretationsmöglichkeit auszugehen.

Über die Frage, ob neben der gesetzlich normierten Unklarheitenregel das sogenannte Restriktionsprinzip, d. h. der in Rechtsprechung und Literatur verbreitet anzutreffende Grundsatz, demzufolge Klauseln, welche abweichend vom dispositiven Recht die Haftung einschränken, generell eng auszulegen seien, noch Geltung beanspruchen kann, gehen die Meinungen weit auseinander.

(1) Literatur zum Restriktionsprinzip

Die im Schrifttum dazu vertretenen Ansichten lassen sich vereinfachend in vier Gruppen einordnen.

Die Vertreter der ersten Gruppe [4] sehen im Restriktionsprinzip ein klassisches Auslegungsmittel, welches der Unklarheitenregel vorgehe [5], bzw. ein traditio-

---

1) Vgl. Schmidt-Salzer E. 40 ff.
2) BGH VersR 67, 652; 78, 362; Prölss-Martin Vorbem. Anm. III 7
3) BGH VersR 51, 79; 62, 341; 69, 240, 723; 75, 1093; 78, 54, 267; 80, 353; 86, 132
4) Helm BB 77, 1109 f.; Horn WM 84, 452; Lambsdorff ZIP 81, 245; Sieg VersR 77, 490
5) Sieg VersR 77, 490

nelles Institut des Kundenschutzes [1]. Begründet wird diese teilweise auch als "geltungserhaltend" bezeichnete Auslegung [2] damit, daß in den Fällen, in denen eine der Auslegungsalternativen unwirksam wäre, davon auszugehen sei, daß der Verwender bzw. die Parteien die unwirksame Möglichkeit nicht gewollt hätten. Die Auslegung müsse daher zu dem möglicherweise inhaltlich eingeschränkteren, aber deswegen rechtswirksamen Verständnis führen.[3].

Einer dieser Autoren [4] differenziert zwischen allgemeinem Kundenschutz und dem Geschäftsverkehr zwischen Kaufleuten. Während im ersten Fall die offene Inhaltskontrolle wegen ihrer Klarheit vorzugswürdig sei, müsse im kaufmännischen Bereich behutsamer im Wege der geltungserhaltenden Auslegung vorgegangen werden. Das vollständige Entfallen von vertraglichen Regelungen schaffe Lücken, die durch das dispositive Recht häufig nur unzureichend gefüllt würden. Der so geschaffene Zustand sei oft weniger erträglich, als eine verdeckte geltungserhaltende Inhaltskontrolle im Wege der Auslegung.

Auch die zweite Gruppe von Autoren [5] sieht in dem Restriktionsprinzip einen von der Unklarheitenregel rechtlich selbständigen Auslegungsgrundsatz, mißt diesem jedoch nur geringe Bedeutung bei. Das Restriktionsprinzip schöpfe seine Berechtigung im Gegensatz zu dem

---

1) vgl. Horn WM 84, 452
2) vgl. z.B. Lambsdorff ZIP 81, 245
3) Lambsdorff a.a.O.
4) Helm BB 77, 1110
5) Erman/Hefermehl § 5 Rz. 7; Honsell JA 85, 263; Knütel JR 81, 223, 225; Wolf-Horn-Lindacher/Lindacher § 5 Rz. 38 f.; MüKo/Kötz § 5 Rz. 5; Staud./Schlosser § 5 Rz. 17

Grundsatz ambiguitas contra stipulatorem nicht aus der besonderen Formulierungsverantwortung des Klauselverwenders, sondern aus einem grundlegenden Gebot, dem zufolge vertragliche Regelungen, die vom dispositiven Recht abwichen, im Zweifel möglichst weitgehend im Sinne der im Gesetz getroffenen Wertentscheidungen auszulegen seien.[1]
Das Restriktionsprinzip stelle ebenso wie die Unklarheitenregel ein subsidiäres Auslegungsmittel dar.[2]

Wenn von mehreren Auslegungsalternativen auch die dem Kunden ungünstigste noch den Mindestanforderungen der §§ 9 - 11 AGBG entsprächen, seien Restriktionsprinzip und Unklarheitenregel nebeneinander anzuwenden.[3]
Weitergehend könne in Fällen, in denen sowohl eine restriktive Auslegung als auch die Inhaltskontrolle über § 6 II AGBG zur Geltung des dispositiven Rechts führte, das Ergebnis wahlweise auf das Restriktionsprinzip (und die Unklarheitenregel) oder die Unwirksamkeit nach den §§ 9 - 11 AGBG gestützt werden.[4]

Das Restriktionsprinzip dürfe jedoch nicht dadurch zu einer Verkürzung des Kundenschutzes führen, daß möglicherweise unwirksame Klaueln im Wege der Auslegung kontrollfest gemacht würden.[5]
Grundsätzlich habe das Restriktionsprinzip nur einen sehr eingeschränkten Anwendungsbereich [6] und diene in klar abgrenzbaren Konstellationen der Lösung von Randproblemen ansonsten wirksamer Klauseln.[7]

---

1) Wolf-Horn-Lindacher/Lindacher § 5 Rz. 38; Schmidt-Salzer E. 51
2) Wolf-Horn-Lindacher/Lindacher § 5 Rz. 40
3) Wolf-Horn-Lindacher/Lindacher § 5 Rz. 39
4) Wolf-Horn-Lindacher/Lindacher § 5 Rz. 39
5) Wolf-Horn-Lindacher/Lindacher § 5 Rz. 39; Knütel JR 81, 225
6) vgl. die in Fußn. 1 Genannten
7) Wolf-Horn-Lindacher/Wolf § 9 Rz. 31

Eine weitere Auffassung [1] geht von einer Teilidentität der beiden Auslegungsmaximen aus und verneint insoweit eine eigenständige Bedeutung des Restriktionsprinzips.

Als überwiegend können mittlerweile die Stimmen in der Literatur [2] bezeichnet werden, die dem Restriktionsprinzip angesichts der in § 5 AGBG normierten Unklarheitenregel und dem Institut der offenen Inhaltskontrolle jegliche Berechtigung absprechen.
Zunächst könne schon der Grundsatz, nach dem haftungsbeschränkende Klauseln wie Ausschlußbestimmungen als Ausnahmeregelungen eng auszulegen seien, in dieser Allgemeinheit keine Anerkennung finden.[3]
Weiter widerspreche eine geltungserhaltende Auslegung der im Gesetz zum Ausdruck gebrachten Trennung von Auslegung und rechtlicher Bewertung. Letztere sei erst im Rahmen der Inhaltskontrolle nach den §§ 9 - 11 AGBG vorzunehmen.[4]
Die geltungserhaltende Auslegung schaffe keine Klauseltransparenz, weil jede Klausel, wenn auch evtl. mit eingeschränktem Inhalt, erhalten und somit dem Verwender kein zwingender Anlaß zu einer Klauselneufassung gegeben werde.[5]
Zudem spreche gegen das Restriktionsprinzip, daß damit der Boden der objektiven Auslegung verlassen werde, in-

---

1) Krampe S. 40; Schmidt-Salzer E. 51; vgl. auch Horn WM 84, 449
2) Bunte NJW 85, 600; Löwe-v. Westphalen-Trinkner § 5 Rz. 6; Meyer-Cording NJW 81, 2338; Sambuc NJW 81, 315; Ulmer-Brandner-Hensen/Ulmer § 5 Rz. 40; Bruck-Möller/Winter Bd. V/2 A 61; vgl. Prölss-Martin Vorbem. III A 7
3) Prölss-Martin Vorbem. III A 7; Wagner ZVersWiss 77, 151; Winter ZVersWiss 77, 125
4) Löwe-v. Westphalen-Trinkner § 5 Rz.6; Sambuc NJW 81, 315; Ulmer-Brandner-Hensen/Ulmer § 5 Rz. 40
5) Bunte NJW 85, 600

dem u.a. erforscht werde, was die Parteien gewollt hätten, wenn sie sich der Unwirksamkeit der Klausel bewußt gewesen wären.[1]

(2) Rechtsprechung zum Restriktionsprinzip

In der Rechtsprechung kann der Grundsatz, nach dem vertragliche Freizeichnungsklauseln generell eng auszulegen seien, auf eine lange Tradition zurückblicken.[2]
Teils geht allein aus dem jeweils gewonnenen Ergebnis hervor, daß die Entscheidung im Wege eines restriktiven Verständnisses einer Regelung getroffen wurde.[3]
In vielen Fällen ist ein ausdrücklicher Hinweis auf ein Bedürfnis nach einschränkender Auslegung zu finden.[4]
An vertragliche Haftungsfreizeichnungsklauseln seien strenge Anforderungen hinsichtlich der Formulierung zu stellen, weil diese eng auszulegen seien und überdies Zweifel bei der Auslegung zu Lasten des Verwenders gingen.[5]
In einer anderen Entscheidung wird das Gebot der engen Auslegung auf Allgemeine Geschäftsbedingungen im allgemeinen ausgedehnt.[6]

Insbesondere in der Rechtsprechung zu Klauseln, die noch nicht unter das AGBG fielen, wurden das Restriktionsprinzip und die Unklarheitenregel vielfach gemeinsam zur Rechtfertigung einer im Ergebnis geltungser-

---

1) Meyer-Cording NJW 81, 2338
2) BGHZ 62, 251, 254 f.; 63, 333 f.; 65, 142, 145; BGH NJW 76, 234 f.; 79, 2148; BGH WM 77, 1351 f.; 84, 944, 945; vgl. auch schon RG JW 37, 2591
3) vgl. BGHZ 65, 142, 145
4) BGHZ 62, 254 f.; 63, 334; BGH WM 77, 1351 f.; BGH NJW 79, 2148
5) BGH NJW 79, 2148
6) BGH NJW 76, 234 f.

haltenden Auslegung herangezogen.[1]
Dem Geltungsbereich des Restriktionsprinzips wurde auch vor Inkrafttreten des AGBG insofern eine Grenze gezogen, als eine ergänzende Auslegung von Klauseln zu deren Entschärfung auf ein hinnehmbares Maß nicht als zulässig erachtet wurde.[2]

Die Rechtsprechung nach dem Inkrafttreten des AGBG ist uneinheitlich.
Während man gerade auch für Ausschlußregelungen in Versicherungsbedingungen das vertraute Gebot restriktiver Auslegung antrifft [3], ist andernorts von einer "vernünftigen" Auslegung [4] die Rede.

Bemerkenswert ist eine Reihe von Entscheidungen des VIII. Senats des BGH aus neuester Zeit [5], in denen die Frage nach der Weitergeltung des Restriktionsprinzips nach Inkrafttreten des AGBG angesichts der in § 5 AGBG normierten Unklarheitenregel und des Verbotes der geltungserhaltenden Reduktion aufgegriffen, aber ausdrücklich offengelassen wurde.
Diese mehrfache Erwähnung erlaubt zumindest den Schluß, daß auch in der Rechtsprechung Zweifel an der Berechtigung der restriktiven Auslegung erwachsen sind. In allen drei Fällen handelte es sich indes nicht um Freizeichnungsklauseln, sondern um Regelungen z.B. über die Laufzeit eines Mietverhältnisses oder ein Rücktrittsrecht in einem Kaufvertrag. Zeitgleich erschien in einer Entscheidung des IV. Senats wieder der Grundsatz enger Auslegung von Freizeichnungsklauseln.[6]

---

1) BGH NJW 76, 234 f.; 79, 2148
2) BGHZ 62, 83,89
3) BGH WM 84, 944, 945
4) BGH NJW 81, 816, 817
5) BGH NJW 85, 2328, 2329; 86, 424, 426; 87, 490
6) BGH DB 86, 1771 f.

(3) Stellungnahme

Das Gebot restriktiver Auslegung von vertraglichen Bestimmungen, die zum Nachteil eines Vertragspartners vom dispositiven Recht abweichen, als allgemeingültiger Auslegungsgrundsatz ist zurecht auf Kritik gestoßen.

Eine nachträgliche restriktive und damit möglicherweise sinnverändernde Auslegung begegnet schon deswegen Bedenken, weil durch sie in erheblichem Maß in die Parteiautonomie eingegriffen wird. Wenn dabei gar noch Auslegungsalternativen, die einer Inhaltskontrolle nicht standhalten würden, mit dem Argument abgestreift werden, der Verwender bzw. die Parteien hätten sie in Kenntnis der Unwirksamkeit nicht beabsichtigt, wird zudem noch der Grundsatz der objektiven Auslegung mißachtet.

Es liegt in der Natur dispositiver Normen, daß von ihrem Inhalt durch vertragliche Vereinbarungen abgewichen werden darf. Es ist daher nicht einzusehen, weshalb die dispositiven Normen in Fällen, in denen eine mehrfach deutbare, aber in keiner Auslegungsalternative inhaltlich anstößige vertragliche Regelung getroffen wurde, eine normative, d.h. an die im dispositiven Recht enthaltenen Wertentscheidungen möglichst stark angenäherte Auslegung zwingend fordern sollten.[1]

Der Kundenschutz, der mit Hilfe des Restriktionsprinzips erreicht werden soll, ist nicht geeignet, dieses zwingende Prinzip und damit einen derartigen Eingriff in die Privatautonomie zu rechtfertigen.

Dem gesteigerten Schutzbedürfnis des Kunden gegenüber

---

1) So aber Wolf-Horn-Lindacher/Lindacher § 5 Rz. 38

AGB wird vielmehr dadurch Rechnung getragen, daß der Verwender die Formulierungsverantwortung für den von ihm gestellten Text trägt.
Dies geschieht durch die Anwendung der Unklarheitenregel. Diese birgt im Gegensatz zum Restriktionsprinzip nicht die Gefahr, daß dem Verwender ein im nachhinein veränderter Vertragswille unterstellt wird, sondern wahrt nur die Belange des Kunden insofern, als von mehreren Deutungsalternativen, die alle das Ergebnis einer objektiven Auslegung darstellen, die für den Kunden günstigste angenommen wird.

Eine restriktive Auslegung wirkt zudem der Trennung von Feststellung des Klauselinhalts durch Auslegung einerseits und rechtlicher Bewertung durch Inhaltskontrolle andererseits entgegen, indem bei einer geltungserhaltenden Auslegung bereits bei der Inhaltsfeststellung wertende Elemente einfließen. Dies steht zum einen im Widerspruch zu dem gesetzgeberischen Willen, Auslegung und Inhaltskontrolle möglichst klar zu konturrieren. Durch die geltungserhaltende Auslegung wird zum anderen ebenso wie durch eine geltungserhaltende Reduktion von Klauseln, die gegen die §§ 9 - 11 AGBG verstoßen, der erzieherische Effekt der Inhaltskontrolle aufs Spiel gesetzt.

Auch die Befürworter einer restriktiven Auslegung wollen vermeiden, daß im Wege der Auslegung potentiell nicht kontrollfeste Klauseln rechtswirksam erhalten werden und sich so die Wirkung des Restriktionsprinzips gegen den Kunden wendet. Dieses Ziel läßt sich durch eine konsequente Aufgabe des Restriktionsprinzips und eine möglichst klare Trennung von Auslegung und Inhaltskontrolle eher erreichen.
Eine vereinzelt vorgenommene Differenzierung zwischen allgemeinem Verbraucherschutz und kaufmännischem Geschäftsverkehr vermag nicht zu überzeugen. Die Begrün-

dung dafür, nämlich daß hinsichtlich des allgemeinen Verbraucherschutzes die Klarheit der Inhaltskontrolle den Vorzug verdiene, das dispositive Recht den Bedürfnissen des kaufmännischen Bereichs aber häufig nicht gerecht werde, ist nicht stichhaltig.

Auch im Verkehr mit privaten Verbrauchern können sich zahlreiche rechtliche Fragestellungen ergeben, für die das dispositive Recht nur sehr lückenhafte Regelungen enthält. Wichtiger aber noch ist, daß auch im Verkehr unter Kaufleuten eindeutige Regelungen das erstrebte Ziel sind. Diese sind jedoch nicht durch eine im nachhinein vorgenommene korrigierende Auslegung zu erreichen, sondern nur durch klare und transparente Formulierungen in den Klauseln selbst. Der Anreiz dazu geht aber in erster Linie von einer offenen Inhaltskontrolle aus. Eine drohende vollständige Unwirksamkeit einer Klausel gem. § 6 II AGBG zwingt den Verwender von vornherein zu einer möglichst eindeutigen Abfassung bzw. im späteren Verlauf zu Korrekturen des Klauselwortlauts.

Schließlich wird das Restriktionsprinzip auch nicht durch atypische Ausnahmefälle gerechtfertigt, die bei der Abfassung von ansonsten angemessenen Klauseln nicht berücksichtigt wurden. Auch für Ausnahmefälle trägt der Verwender aufgrund seiner überlegenene Stellung die Formulierungsverantwortung. Zweifel hinsichtlich des Geltungsumfanges einer Klausel in Ausnahmefällen sind somit, soweit sie nicht im Wege der objektiven Auslegung ausgeräumt werden können, dem Anwendungsbereich des § 5 AGBG zuzuordnen.

Diese Argumente führen dazu, daß nach Inkrafttreten des AGBG angesichts der in den §§ 5 bzw. 9 - 11 AGBG zur Verfügung stehenden Instrumente ein völliger Verzicht auf das Restriktionsprinzip zu befürworten ist.

bb) Auslegung von Subsidiaritätsklauseln im besondren

Nachfolgend sollen zunächst Auslegungskriterien erörtert werden, anhand derer die Frage, ob es sich um eine einfache oder qualifizierte Subsidiaritätsklausel handelt, beantwortet werden kann. Im Anschluß daran wird die Abgrenzung am Beispiel mehrerer zum Teil aktueller AVB verdeutlicht.

Ganz entscheidende und für die Auslegung heranzuziehende Merkmale sind das wirtschaftliche Motiv für die Verwendung einer Subsidiaritätsklausel und deren Auswirkung auf die Prämienschuld.

Für die Abgrenzung ist zunächst festzustellen, worin das hauptsächliche Motiv für den Ausschluß der Doppelversicherung liegt. Zu unterscheiden sind dabei einerseits Fälle, in denen der Versicherer ausschließlich im eigenen Interesse die Subsidiarität vereinbart, um seine Ersatzpflicht zu Lasten etwaiger anderer Versicherer auszusetzen, und andererseits Konstellationen, in denen eine Subsidiaritätsklausel nach dem übereinstimmenden Willen von Versicherer und VN als Mittel zur Vermeidung von Deckungsüberschneidungen dienen soll.

Auf einen Einsatz der Subsidiaritätsklausel zum Zwecke der Risikoabgrenzung deutet es hin, wenn die Bestimmung in einer Versicherung verwendet wird, die typischerweise mit anderen Deckungen desselben Wagnisses oder zumindest eines Risikoausschnittes zusammentrifft, so daß von einem typischerweise bestehenden Bedürfnis nach klarer Abgrenzung zur Vermeidung mehrfacher Prämienzahlung gesprochen werden kann. Besonders deutlich tritt das Motiv der Risikoabgrenzung hervor, wenn z.B. in einer Subsidiaritätsklausel auf anderweitige Spezialversicherungen Bezug genommen wird.
Zudem ist für die Annahme einer gewollten Risikoabgrenzung Voraussetzung, daß dem VN die Möglichkeit er-

öffnet ist, konkret aufgrund der Subsidiaritätsabrede Prämie zu sparen.

Ist danach die Vermeidung von Deckungsüberschneidungen erkennbar das vom Versicherer in Übereinstimmung mit dem VN verfolgte Ziel und entfällt für den Subsidiaritätsbereich die Prämienpflicht, spricht viel für die Annahme qualifizierter Subsidiarität.

Deckungsüberschneidungen können durch vollständige Risikoausschlüsse verhindert werden. Diese bergen aber die Gefahr, daß es in Einzelfällen zu Deckungslücken kommt. Flexibler und exakter kann die Abgrenzung sich ansonsten überlagernder Deckungen durch die Verwendung von Subsidiaritätsabreden vorgenommen werden.
Sollen zum Beispiel bestimmte Gegenstände, die durch eine spezielle anderweitige Versicherung auf der Grundlage eines Verzeichnisses der versicherten Sachen gedeckt sind, aus einer Inbegriffsversicherung ausgeschlossen werden, so hat eine Subsidiaritätsklausel, nach der nur die von der anderen Versicherung gedeckten Sachen ausgeschlossen sein sollen, gegenüber einem unbedingten Ausschluß zwei Vorteile.
Zum einen ist der Geltungsbereich der Subsidiaritätsklausel und damit die Trennlinie zwischen beiden Deckungen durch die Bezugnahme auf die andere Versicherung gegenständlich genau bezeichnet.
Zum anderen hat die Subsidiaritätsklausel den Vorteil, daß in den Fällen, in denen keine anderweitige Versicherung besteht, die betreffenden Gegenstände nicht einzelvertraglich wieder eingeschlossen werden müssen, sondern automatisch unter den versicherten Inbegriff fallen, der VN sie lediglich bei der Bemessung der Versicherungssumme berücksichtigen muß, um nicht eine sonst drohende Unterversicherung entstehen zu lassen.

Da der VN in der geschilderten Konstellation sowohl im Falle eines unbedingten Ausschlusses, als auch bei

Verwendung einer Subsidiaritätsklausel den Wert der noch anderweitig versicherten Gegenstände von der Versicherungssumme der Inbegriffsversicherung absetzen und so die Prämie senken kann, kann davon ausgegangen werden, daß in solchen Fällen, in denen eine anderweitige Versicherung besteht, Subsidiaritätsklausel und Vollausschluß die gleiche Wirkung haben sollen.
Die Berücksichtigung des Verhältnisses von Leistung und Gegenleistung im Versicherungsvertrag führt bei der Auslegung dazu, daß immer dann, wenn eine Subsidiaritätsklausel zur Vermeidung doppelter Prämienzahlung an Stelle eines Vollausschlusses verwendet wird, die Subsidiaritätsklausel weit, d.h. im Sinne qualifizierter Subsidiarität auszulegen ist.

Es widerspräche dem offenkundig gewordenen Interesse des Versicherers, wenn dieser für Schäden an Gegenständen, für die er keine Prämie erhalten hat, doch soweit ersatzpflichtig wäre, wie der VN aufgrund von Unterversicherung, eines Selbstbehalts oder einer Obliegenheitsverletzung von dem anderweitigen Versicherer keine Ersatzleistung erlangen könnte.
Liegen die Voraussetzungen erstens eines typischerweise auftretenden Bedarfs nach klarer Risikoabgrenzung und zweitens einer möglichst gegenständlich bezogenen Prämienersparnis nicht vor, ist das Motiv für die Aufnahme der Subsidiaritätsklausel in den Vertrag allein beim Versicherer zu suchen. Dieser hat ein mehrfach begründetes Interesse daran, Doppelversicherung zu vermeiden.

Zunächst wird die Gefahr der doppelten Inanspruchnahme durch den VN in geringem Umfang gemindert.[1]

---

1) Die Möglichkeit der Bereicherung durch mißbräuchliche Nichtanzeige weiterer Versicherungen kann auch durch eine Subsidiaritätsklausel nicht ausgeschlossen werden.

Wichtiger aber ist für den Versicherer, daß er aufgrund der Subsidiaritätsklausel den Versicherten an den anderen Versicherer verweisen kann und nach dessen Zahlung auch nicht dem ihm sonst gegenüber bestehenden Ausgleichsanspruch aus § 59 II VVG ausgesetzt ist.

Da der Versicherer jedoch in der Regel volle Prämienzahlung erhält, d.h. die Einsparungen des Versicherers aufgrund der Subsidiaritätsklausel gar nicht oder allenfalls ganz pauschal bei der Prämienkalkulation berücksichtigt werden, kann mit der Rechtsprechung und Literatur davon ausgegangen werden, daß sich der Zweck einer Subsidiaritätsklausel in diesen Fällen darin erschöpft, einen anderweitigen Versicherer, soweit dessen Ersatzpflicht reicht, allein für den Schaden eintreten zu lassen.

Dieser Zweck kann bereits durch die Vereinbarung einfacher Subsidiarität erreicht werden. Folglich sind Subsidiaritätsklauseln, die nicht einer im Interesse beider Vertragsparteien liegenden Deckungsabgrenzung dienen und keine konkrete Prämienersparnis erlauben, im Sinne einfacher Subsidiarität auszulegen.

cc) Auslegung von Subsidiaritätsklauseln anhand von Beispielen aus der Praxis

Zuerst soll eine Klausel in einem Reisegepäckversicherungsvertrag untersucht werden, über die das Landgericht Hamburg [1] zu entscheiden hatte. Die Klausel, Bestandteil Allgemeiner Bedingungen für die Reisegepäck-Neuwertversicherung (AVB/RG), lautete folgendermaßen:

---

1) VersR 78, 933

Ausgeschlossen sind: ...

Anderweitig versicherte Gefahren, die außerhalb einer Hausratversicherung gedeckt sind.

Eine reine Wortlautauslegung würde hier zur Annahme qualifizierter Subsidiarität führen. Die Subsidiarität wird durch einen bedingten Gefahrenausschluß hergestellt. Der Grad der Subsidiarität ergibt sich aus der Bezugnahme auf die "anderweitig versicherten Gefahren."

Für den Eintritt der Subsidiarität soll also ausreichend sein, daß die betreffenden Gefahren anderweitig, mit Ausnahme einer Hausratversicherung, versichert bzw. gedeckt sind.
Die Auslegung der Klausel ist somit von dem Verständnis der Begriffe anderweitig versicherte bzw. gedeckte Gefahren abhängig. Die Verständnisalternativen sind folgende:

Eine Gefahr ist anderweitig versichert, wenn und solange ein weiterer Versicherungsvertrag, der die betreffende Gefahr mit einschließt, rechtswirksam besteht. Oder die Gefahr ist dann anderweitig versichert, wenn im Schadenfall eine anderweitige Versicherungsleistung erlangt werden kann.

Eine isolierte Betrachtung des Wortlauts würde zum erstgenannten Verständnis führen. Der rein sprachlichen Bedeutung nach kann eine Gefahr grundsätzlich als versichert angesehen werden, wenn ein Versicherungsvertrag besteht, in dem die Gefahr als versicherte genannt ist. Gewisse Zweifel können sich u.U. bei einem erheblichen Selbstversicherungsanteil aufgrund eines hohen Selbstbehalts ergeben.

Bei der objektiven Auslegung von Versicherungsbedingungen sind neben dem Wortlaut insbesondere auch Sinn und Zweck der betreffenden Klausel, soweit diese erkennbar sind, heranzuziehen.

Aufgrund der generell gehaltenen Fassung dieser Klausel ist sie offenkundig nicht zur Vermeidung typischerweise auftretender Deckungsüberschneidungen in das Bedingungswerk aufgenommen gewesen. Der Zweck der Klausel geht vielmehr dahin, den Versicherer durch Vermeidung von Doppelversicherung in Fällen etwaig konkurrierenden Versicherungsschutzes zu entlasten.

Der Reisegepäckversicherer wird seine Prämienkalkulation aufgrund der Subsidiaritätsklausel nicht erkennbar verändern. Durch die generelle Bezugnahme auf alle mit Ausnahme der durch eine Hausratversicherung gedeckten Gefahren wäre, wenn überhaupt, auch nur eine sehr pauschale Berücksichtigung möglich. Da der Versicherer also grundsätzlich uneingeschränkte Prämienleistung erhält, geht der Zweck der Klausel ersichtlich nicht dahin, die Haftung bereits durch das formale Bestehen eines anderen Versicherungsvertrages unabhängig von einer Ersatzpflicht des anderen Versicherers im Schadenfall entfallen zu lassen. Das danach mögliche Ergebnis, daß nämlich der VN gegebenenfalls trotz mehrfacher Prämienzahlung von keinem Versicherer eine Entschädigungsleistung erhält, ist nicht gewollt.
Demnach ist davon auszugehen, daß es sich bei dieser Bestimmung um eine einfache Subsidiaritätsklausel handelt.[1]

Eine Klausel mit teilweise annähernd gleichem Wortlaut enthält § 2 I e Allgemeine Deutsche Binnen-Transportversicherungs-Bedingungen (ADB 1963).

---

1) So auch ohne nähere Begründung LG Hamburg VersR 78, 933

Dort heißt es:

Ausgeschlossen sind ...
diejenigen Gefahren, gegen welche die Güter anderweitig versichert wurden (z.B. Feuer);

Im Schrifttum wird der Charakter dieser Klausel unterschiedlich beurteilt. Während § 2 I e ADB nach einer Ansicht die Wirkung einer qualifizierten Subsidiaritätsklausel im oben erläuterten Sinne haben soll [1], spricht nach einer anderen Auffassung die Interessenlage für einfache Subsidiarität.[2]

Die Frage, ob § 2 I e ADB eine einfache oder qualifizierte Subsidiaritätsklausel enthält, ist nach den gleichen Grundsätzen wie im zuvor dargestellten Beispiel zu beantworten. Auch in diesem Fall fehlen die beiden wesentlichen Voraussetzungen für die Annahme qualifizierter Subsidiarität, nämlich eine hinreichend konkrete Bezugnahme auf typischerweise konkurrierenden Versicherungsschutz und eine mehr als nur pauschale Berücksichtigung der Subsidiaritätswirkung bei der Prämienbemessung. § 2 I e ADB stellt folglich eine einfache Subsidiaritätsbestimmung dar.

Ein Beispiel für eine qualifizierte Subsidiaritätsklausel bildet dagegen nach einhelliger Auffassung [3] § 1 Nr. 4 e VHB 84: [4]

---

1) Vogel ZVersWiss 73, 571; Gürtler ZfV 63, 792; Endermann VP 64, 126
2) Martin VersR 73, 695; vgl. auch Prölss-Martin § 2 ADB Anm. 4
3) Ollick VA 84, 310; Dietz § 1 Rz. 6. 6; Martin SVR H IV 48 ff.; Prölss-Martin § 1 VHB Anm. 3
4) Vollständiger Bedingungstext in VA 84, 279 ff.

Nicht versichert sind ...
Sachen, die durch einen Versicherungsvertrag für Schmucksachen und Pelze im Privatbesitz versichert sind.

Diese Klausel ist bei Abfassung der VHB 84 neu hinzugekommen. In den VHB 66 und VHB 74 fehlt eine vergleichbare Bestimmung.

In der Vergangenheit ergaben sich Schwierigkeiten für einen VN, der Schmuck und Pelze außerhalb der Hausratversicherung durch eine Valorenversicherung versichern wollte.[1] Bei Abschluß einer separaten Valorendeckung geht das Interesse des VN dahin, die Hausratversicherungssumme um den Wert der Juwelen und Pelze zu senken, um für diese Wertgegenstände nicht zweifach Prämie zu zahlen. Blieben Schmuck und Pelze bei der Bemessung der Hausratversicherungssumme jedoch unberücksichtigt, drohte dem VN bei Fehlen eines einzelvertraglich vereinbarten Ausschlusses der Valoren im Schadenfall dann aber der Einwand der Unterversicherung. Die Misere wurde dadurch verstärkt, daß sich der Valorenversicherer regelmäßig auf die in den AVBSP 76 enthaltene Subsidiaritätsklausel [2] berief und seinerseits jegliche Ersatzpflicht ablehnte.

Durch die Aufnahme des § 1 Nr. 4 e in die VHB 84 sind diese Schwierigkeiten ausgeräumt worden. Die Subsidiaritätsklausel wirkt wie ein vollständiger Risikoausschluß, hat diesem gegenüber nur die oben erläuterten Vorteile größerer Flexibilität und geringerer Gefahr von Deckungslücken.[3]

---

1) Vgl. Dietz § 1 Rz. 6. 6
2) Die AVBSP 85 enthalten keine Subsidiaritätsklausel mehr; vgl. VA 85, 237 ff.
3) Vgl. oben S. 91

Eine Auslegung im Sinne größtmöglicher Annäherung an einen Vollausschluß gebieten die beiden folgenden Aspekte.
Die Klausel hat aufgrund der konkreten Bezugnahme auf die Valorenversicherung erkennbar den Zweck, eine Dekkungsüberschneidung von Hausratversicherung und der in zahlreichen Fällen konkurrierenden Valorenversicherung mit den erläuterten, für den VN nachteiligen Folgen zu vermeiden. § 1 Nr. 4 e VHB 84 ermöglicht dem VN durch Senkung der Versicherungssumme um den Wert der Valoren eine entsprechende Prämienersparnis. Mit der hauptsächlich den Interessen des VN entgegenkommenden Wirkung der Risikoabgrenzung und der daraus resultierenden Prämienersparnis korrespondiert eine weite Auslegung dieser Subsidiaritätsklausel.
Eine einfache Subsidiaritätsklausel würde diesem Zweck nicht gerecht, denn es widerspricht offenkundig dem Interesse des Hausratversicherers, bei teilweisem oder vollständigem Ausfall der Entschädigungsleistung des Valorenversicherers aufgrund von Unterversicherung, Selbstbehalt oder Obliegenheitsverletzung mit einem Schaden an Wertgegenständen belastet zu werden, für die er typischerweise keine Prämie erhält. An dieser Beurteilung ändert sich auch nichts dadurch, daß der Hausratversicherer seinerseits den Einwand der Unterversicherung geltend machen könnte. Mit Recht wird § 1 Nr. 4 e VHB 84 daher als qualifizierte Subsidiaritätsklausel angesehen.

Zur Veranschaulichung der Voraussetzungen für die Annahme qualifizierter Subsidiarität soll schließlich die früher verwendete Klausel 23 (Einlagerung) Nr. 4 zur Einbruchdiebstahlversicherung [1] dienen.

---

1) Textabdruck in VA 68, 151 f.; die neugefaßte Klausel 421 ist eindeutig als einfache Subsidiaritätsklausel formuliert.

Diese Klausel lautete:

Nicht gedeckt sind ferner Gegenstände, soweit für sie im Schadenfalle Deckung durch Transport- oder eine Sonder- (spezielle) Einbruchdiebstahlversicherung gewährt wird.

Soweit im Schrifttum auf diese Klausel Bezug genommen wird, besteht im Ergebnis Einigkeit darüber, daß es sich um eine qualifizierte Subsidiaritätsklausel handelt. Nach einer Ansicht [1] folgt dies aus dem Wortlaut, nach anderer Auffassung aus dem Zweck und der Interessenlage.[2]

Der Wortlaut insbesondere dieser Klausel läßt allein keinen eindeutigen Schluß hinsichtlich der hier gestellten Frage zu. Einerseits spricht der Wortlaut für einen Risikoausschluß. Andererseits kann die Formulierung: "soweit im Schadenfalle Deckung gewährt wird"... im Sinne einfacher Subsidiarität gedeutet werden. Folglich sind für die Auslegung Sinn und Zweck der Klausel heranzuziehen. Dabei ist zu beachten, daß die ED Klausel 23 Nr. 4 in gewerblichen Versicherungen Verwendung fand. Bei der Untersuchung darf daher auf die Verständnismöglichkeiten der typischerweise am Verkehr Beteiligten, also der Spediteure und Lagerhalter, abgestellt werden.[3]

Üblicherweise bestehe, so wird argumentiert, für die weitaus meisten der eingelagerten Sachen Deckungsschutz aufgrund von Transportversicherungen.[4] Der Zweck der von dem Lagerhalter bzw. Spediteur abgeschlossenen Ein-

---

1) Vogel ZVersWiss 73, 572
2) Vgl. Martin VersR 73, 695
3) Vgl. allgemein zur Berücksichtigung des Verständnishorizontes der versicherungsnehmenden Kreise bei der Auslegung von Versicherungsbedingungen S. 80
4) Vgl. Martin VersR 73, 695; Vogel ZVersWiss 73, 572

bruchdiebstahlversicherung bestehe folglich darin, eigene Sachen und gewissermaßen als zusätzliche Serviceleistung [1] fremde Sachen, soweit diese ausnahmsweise nicht versichert seien, abzudecken. Hierzu werde der Lagerhalter/Spediteur als VN die Versicherungssumme - basierend auf seinen Erfahrungssätzen - möglichst niedrig wählen, um so Prämienvergeudung zu vermeiden.[2] Der Vertragswille bestünde folglich darin, nur für die anderweitig nicht versicherten eingelagerten Sachen Deckungsschutz zu erhalten.[3] Die ED Klausel 23 Nr. 4 diene also einer möglichst genauen Risikoabgrenzung zur Vermeidung andernfalls drohender Unterversicherung.

Dieser Argumentation kann gefolgt werden. Das Bedürfnis nach Risikoabgrenzung mit der Möglichkeit für den VN, hinsichtlich der unter die Subsidiaritätsklausel fallenden Sachen durch entsprechend niedrige Bemessung der Versicherungssumme nicht mit der Prämienpflicht belastet zu werden, spricht entscheidend dafür, daß diese Klausel einem unbedingten Risikoausschluß sehr nahestehen soll. Auch hier widerspräche die Möglichkeit, daß der Einbruchdiebstahlversicherer bei Ausfall der Entschädigungsleistung aus der Transportversicherung infolge Unterversicherung, Selbstbehalt oder Obliegenheitsverletzung doch für Schäden an transportversicherten Sachen herangezogen werden könnte, dem Regelungszweck, welcher der betroffenen gewerblichen Versicherungsnehmerschaft gegenüber erkennbar zum Ausdruck gekommen ist.
Es kommt dabei nicht darauf an, ob der Lagerhalter/Spediteur die Versicherungssumme tatsächlich niedriger gewählt hat.[4] Ausschlaggebend ist vielmehr die typi-

---

1) Vgl. Vogel ZVersWiss 73, 572
2) Vogel a.a.O.; Martin VersR 73, 695
3) Vgl. Martin a.a.O.
4) So zu Recht Martin VersR 73, 695

sche Interessenlage, aufgrund derer der objektiv erkennbare Zweck der Regelung ermittelt werden kann.[1] Auch im Falle der ED KLausel 23 Nr. 4 führt die Berücksichtigung von Leistung und Gegenleistung im Versicherungsvertrag zu einer weiten Auslegung, also zur Annahme qualifizierter Subsidiarität.

d) Individuell vereinbarte Subsidiaritätsbestimmungen

Die Grundsätze für die Auslegung individuell vereinbarter Vertragsbestimmungen sind in den §§ 133, 157 BGB niedergelegt.

Nach heute allgemeiner Ansicht ist im Hinblick auf den Gedanken des Vertrauens- bzw. Verkehrsschutzes bei der Vertragsauslegung eine objektive Betrachtung geboten. Die zugrundeliegenden Willenserklärungen sind danach so auszulegen, wie sie ein verständiger Empfänger nach Treu und Glauben verstehen darf und muß.[2]

Als Auslegungsmerkmale können u.a. der Wortlaut und der Vertragszweck unter Berücksichtigung vorausgegangener Verhandlungen und der Interessen und wirtschaftlichen Situation der Parteien zur Zeit des Vertragsabschlusses herangezogen werden, soweit diese Umstände den Parteien jeweils erkennbar waren und daraufhin bei dem Vertragsschluß in Betracht gezogen werden konnten.[3]

Ein grundsätzliches Gebot enger Auslegung von haftungseinschränkenden Abreden, zu denen auch Subsidiaritätsbestimmungen in Versicherungsverträgen zählen, wie es die Rechtsprechung bezogen auf formularmäßig verwendete

---

1) Vgl. Martin VersR 73, 695
2) Sog. objektivierter Empfängerhorizont vgl. RGZ 131, 351; BGHZ 36, 33; 47, 78; ständige Rspr.
3) Vgl. statt vieler Palandt/Heinrichs § 133 Anm.3 ff.

Klauseln fordert [1], kann im Bereich von Individualvereinbarungen nicht akzeptiert werden. Für haftungseinschränkende Individualvereinbarungen ist die Geltung sowohl des Restriktionsprinzips, als auch einer grundsätzlichen Auslegungsregel, derzufolge Unklarheiten einer solchen Bestimmung zu Lasten des durch sie Begünstigten gehen, abzulehnen, denn im Regelfall trifft die Formulierungsverantwortung bei Individualabreden beide Vertragsteile in gleichem Maße.[2] Lediglich in Ausnahmefällen kann z.B. bei erheblichem einseitigen Wissensvorsprung eine andere Beurteilung geboten sein.

Bei der Auslegung individuell vereinbarter Subsidiaritätsabreden können die gleichen inhaltlichen Kriterien herangezogen werden, wie für die Subsidiaritätsklauseln. Ein maßgeblicher Unterschied besteht nur darin, daß hier im Gegensatz zu vorformulierten Klauseln die konkreten Umstände des Einzelfalles zu berücksichtigen sind.

Auch im Rahmen der Auslegung individuell vereinbarter Subsidiaritätsabreden ist das Motiv für die Aufnahme einer derartigen Bestimmung in den Versicherungsvertrag von großer Bedeutung. Das Ziel des Versicherers, die Haftung bei Bestehen einer weiteren Deckung des Risikos im Schadenfall auf den anderweitigen Versicherer abzuwälzen, kann durch die Vereinbarung einfacher Subsidia-

---

1) BGHZ 22, 96; 40, 69; 47, 318
2) Ausdrücklich gegen die Anwendbarkeit der Unklarheitenregel auf Individualvereinbarungen BGH VersR 71, 172; RGRK/Alff § 276 Rz. 189
Vgl. zur Geltung des Restriktionsprinzips für Individualvereinbarungen: Abl. Sambuc NJW 81, 315; Schmidt-Salzer Rz. E. 51; ders. JZ 67, 661, 662; a.A. Palandt/Heinrichs § 276 Anm. 5 B a aa; Wolf-Horn-Lindacher/Lindacher § 5 Rz. 29 ohne nähere Begründung; uneinheitlich die Rspr.: Bejahend BGH BB 62, 497; 64, 906; verneinend BGHZ 33, 163, 164

rität erreicht werden. Eine Bereitschaft des versicherungsnehmenden Teils, die darüberhinausgehenden gravierenden Einschränkungen des Versicherungsschutzes bei qualifizierter Subsidiarität in Kauf zu nehmen, wird daher bei Fehlen einer hinreichend eindeutigen Formulierung nur unter den oben genannten [1] besonderen Voraussetzungen anzunehmen sein.

Mit anderen Worten wird man auch bei individuell vereinbarten Subsidiaritätsbestimmungen mit unklarem Wortlaut grundsätzlich nur dann von qualifizierter Subsidiarität ausgehen können, wenn aus den übrigen Vertragsumständen hervorgeht, daß die Subsidiaritätsabrede an Stelle eines Vollausschlusses zur Vermeidung von Deckungsüberschneidungen vereinbart wurde, und der VN eine konkrete Prämienersparnis erzielen konnte.

V. Zivilrechtliche Zulässigkeit von Subsidiaritätsabreden

Subsidiaritätsabreden sind von jeher sowohl von der Rechtsprechung [2] als auch im Schrifttum [3] für zivilrechtlich zulässig erachtet worden.

1. Vereinbarkeit mit § 59 VVG

Die Anordnung der gesamtschuldnerischen Haftung von

---

1) Siehe oben S. 90 ff.
2) Hans OLG Hamburg VA 1915 Anh. S. 48, 50; LG Hamburg Hans RGZ 1942 Teil B Sp. 201, 206; OLG Düsseldorf VersR 61, 114 f.; OLG Karlsruhe VersR 76, 239, 240; LG Hamburg VersR 78, 933
3) Moldenhauer LZ 1909, Sp. 42, 43 ff.; Kümmerlein ZHR 98, 378; Blanck NeumZ 1927, 725; Vogel ZVersWiss 73, 567; Martin VersR 73, 691; Bruck-Möller/Möller § 59 Anm. 48; Prölss-Martin § 59 Anm. 6 A

Doppelversicherern gem. § 59 VVG ist nicht zwingend.[1]

Schon aus der amtlichen Begründung zu § 59 VVG geht hervor, daß der Gesetzgeber abweichende Regelungen für zulässig hielt.[2]

Durch § 59 II VVG, der das Innenverhältnis zwischen Doppelversicherern regelt, sind der Gestaltungsfreiheit der Beteiligten allerdings insofern Grenzen gesetzt, als ein einmal entstandener Ausgleichsanspruch eines der beteiligten Versicherer nicht ohne sein Mitwirken allein durch schuldrechtliche Vereinbarung zwischen dem VN und dem anderen Versicherer beseitigt werden kann.[3] VN und Versicherer eines der konkurrierenden Verträge dürfen mit anderen Worten nicht in ein bereits bestehendes Recht des anderweitigen Versicherers eingreifen. § 59 II VVG hindert sie indes nicht daran, das zwischen ihnen bestehende Versicherungsverhältnis so zu gestalten, daß eine Gesamthaftung der Versicherer im Außenverhältnis und somit die Folge des Ausgleichsanspruchs aus § 59 II VVG gar nicht erst eintritt.[4]

Der Zweck einer Subsidiaritätsbestimmung liegt zwar unter anderem darin, einen anderen Versicherer desselben Risikos entgegen der gesamtschuldnerischen Haftung nach § 59 VVG im Versicherungsfall allein mit dem Schaden zu belasten. Dies wird jedoch nicht durch eine Vereitelung eines bestehenden Rechts des Dritten erreicht. Denn Subsidiaritätsbestimmungen verhindern

---

1) Bruck-Möller/Möller § 59 Anm. 48; Kümmerlein ZHR 98, 378
2) Vgl. die amtliche Begründung abgedruckt bei Gerhard-Hagen §§ 58 - 60 S. 273
3) Vgl. die amtliche Begründung a.a.O.; vgl. auch die Ausführungen zu den sogenannten Zessionsklauseln, deren Wirksamkeit an dem Verbot schuldrechtlicher Verträge zu Lasten Dritter scheitert; s.o. S. 19 ff.
4) Martin VersR 73, 691; Vogel ZVersWiss 73, 567; Bruck-Möller/Möller § 59 Anm. 48

bereits das Entstehen des Ausgleichsanspruchs aus § 59 II VVG, indem auf verschiedene Weise [1] der Eintritt mindestens einer der gesetzlichen Voraussetzungen der Doppelversicherung ausgeschlossen wird.[2] Die Zulässigkeit von Subsidiaritätsabreden ist somit im Hinblick auf § 59 VVG nicht zu beanstanden.

2. Versicherungsaufsicht und zivilrechtliche Zulässigkeit

Es wurde bereits dargelegt, daß die Versicherungsaufsicht einen grundsätzlich ablehnenden Standpunkt gegenüber Subsidiaritätsbestimmungen in Versicherungsverträgen vertritt [3] und sich schon für die Entfernung solcher Klauseln aus Bedingungswerken auch im nicht aufsichtspflichtigen Bereich [4] eingesetzt hat.
Damit geht aber nicht die Möglichkeit der Behörde einher, unter aufsichtsrechtlichen Aspekten unerwünschten Klauseln die privatrechtliche Wirksamkeit abzusprechen. Weder eine fehlende Genehmigung von AVB noch eine Abweichung von genehmigten AVB i.S.v. § 10 III VAG lassen Versicherungsbedingungen und Subsidiaritätsklauseln im besondren zivilrechtlich unzulässig werden.[5] In Betracht käme allenfalls die Nichtigkeit gemäß § 134 BGB aufgrund der Verletzung eines Verbotsgesetzes. Verbotsgesetze i.S.d. § 134 BGB sind solche, die eine rechtsgeschäftliche Regelung wegen ihres Inhalts oder der

---

1) Vgl. zur rechtlichen Konstruktion von Subsidiaritätsbestimmungen S. 7 ff.
2) Bruck-Möller/Möller § 59 Anm. 48; Moldenhauer LZ 1909, Sp. 43; Martin VersR 73, 691; vgl. auch Martin SVR V I 24; Vogel ZVersWiss 73, 567
3) S. o. Seite 31 ff.
4) Vgl. dazu Knoerrich/Dreger VA 1966, S. 179
5) BGH VersR 55, 481, 483; 63, 326; 67, 247; OLG Hamm VersR 77, 1049 f.; ständ. Rspr.; Prölss-Schmidt-Frey § 10 Rz. 1;
Bruck-Möller Einl. Anm. 23; Prölss-Martin Vorbem. I Anm. 6 A; Kümmerlein ZHR 98, 378; Martin SVR V I 24

Umstände ihres Zustandekommens untersagen.[1] Bei § 10 III VAG handelt es sich indes um eine Vorschrift mit reinem verwaltungsrechtlichen Ordnungscharakter, nicht um eine privatrechtliche Verbotsnorm.[2]

3. Vereinbarkeit von Subsidiaritätsklauseln mit § 9 AGBG

a) Anwendbarkeit der Inhaltskontrolle auf Subsidiaritätsklauseln

Gemäß § 8 AGBG ist der Anwendungsbereich der Inhaltskontrolle auf Bestimmungen in AGB beschränkt, durch die von Rechtsvorschriften abgewichen wird bzw. die diese ergänzen. Nach der Vorstellung des Gesetzgebers soll dadurch erreicht werden, daß weder eine Kontrolle von Preisen und Leistungsangeboten noch eine Modifizierung anderer Gesetze stattfindet.[3]

Bei Warenaustauschverträgen wird es in den meisten Fällen leichter möglich sein, eine Abgrenzung zwischen Bestimmungen, die das Leistungsangebot betreffen, und begleitenden Regelungen wie z.B. solchen über Gewährleistung, Lieferfristen etc. vorzunehmen und so den Bereich, der der Inhaltskontrolle unterfällt, klar zu kennzeichnen. Bei Dienstleistungsverträgen und Versicherungsverträgen im besondren ist diese Abgrenzung jedoch dadurch erheblich erschwert, daß im Gegensatz zu den Warenaustauschverträgen der Leistungsgegenstand zum Teil selbst in AGB definiert wird.
Bereits eine oberflächliche Betrachtung der vorgestellten Subsidiaritätsklauseln läßt erkennen, daß diese sowohl das rein wirtschaftliche Leistungsangebot des Ver-

---

1) Vgl. statt vieler Palandt/Heinrichs § 134 Anm. 1
2) BGH VersR 67, 247; Prölss-Schmidt-Frey § 10 Rz. 17; Bruck-Möller/Möller Einl. Anm. 23
3) Vgl. Ulmer-Brandner-Hensen/Brandner § 8 Rz. 1

sicherers betreffen können, indem sie, wie oben erläutert, teils konkret, teils pauschal bei der Prämienkalkulation berücksichtigt werden, als auch aufgrund ihrer Rechtsnatur z.B. als bedingter Risikoausschluß oder Haftungsbeschränkung gewissermaßen eine zweitrangige Leistungsmodalität darstellen und insofern z.B. vergleichbar mit Gewährleistungsbestimmungen der Inhaltskontrolle nach § 9 AGBG unterworfen wären.

In der Literatur ist eine heftige Kontroverse über den Umfang der kontrollfähigen Bestimmungen in vorformulierten Versicherungsbedingungen entstanden.[1]

aa) Vollständige Kontrollfreiheit leistungsbeschreibender Klauseln

Nach Ansicht einiger Autoren [2] sind nach dem Sinn und Zweck des § 8 AGBG alle vorformulierten Versicherungsbedingungen, die Leistungsbeschreibungen enthalten, vom Anwendungsbereich der §§ 9 - 11 AGBG ausgenommen.
Zu den Leistungsbeschreibungen zählten alle Bestimmungen, die quantitative, qualitative, zeitliche und örtliche Kriterien des Versicherungsschutzes im Hinblick auf die versicherten Gefahren, versicherten Sachen und versicherten Schäden enthielten.[3]
Namentlich auch Risikoausschlüsse und -beschränkungen stellten Leistungsbeschreibungen dar und dürften daher nicht einer Inhaltskontrolle unterworfen werden.[4]
Begründet wird diese Ansicht damit, daß sich in Versi-

---

1) Vgl. die Zusammenstellungen bei Bergeest S. 57 ff.; van de Loo S. 46 ff.; Bruck-Möller/Winter Bd. V/2 A 66 ff.
2) Frenz VersR 79, 396; Löwe/Graf v. Westphalen/Trinkner § 8 Rz. 7; Möller VersRdschau 76, 346; Schlosser-Coester-Waltjen/Graba § 1 Rz. 12; Sieg VersR 77,491; Wagner ZVersWiss 77, 142 f.; MüKo-Kötz § 8 Rz. 7
3) Löwe/Graf v. Westphalen/Trinkner § 8 Rz. 7
4) Vgl. die in Fußn. 1 Genannten

cherungsverträgen die vollständige Leistungsbeschreibung vielfach erst aus dem Zusammenwirken von primären und sekundären Risikobegrenzungen [1] ergebe [2], die Inhaltskontrolle von Risikoausschlüssen daher zu einer richterlichen Überwachung des vertraglichen Leistungsangebotes führen würde.[3]
Die Kontrolle von Quantität und Qualität einer Leistung oder - anders ausgedrückt - der essentialia eines Vertrages [4] sei aber grundsätzlich ebensowenig eine Angelegenheit der Rechtsprechung wie die Preisgestaltung.[5]
Eine solche Kontrolle sei gesetzlich nur im Rahmen des § 138 II BGB vorgesehen. Jede darüberhinausgehende Angemessenheitsprüfung von Leistung und Gegenleistung im Vertrag stelle einen unzulässigen Eingriff in die Privatautonomie dar und führe zu einer Gefährdung des vertraglichen Gleichgewichts.[6]
Zudem bestünde, so wird auch argumentiert [7], gerade im Versicherungsrecht die Gefahr, daß unerfahrene Untergerichte unter Verkennung des Zusammenspiels von grundsätzlich gewährtem Deckungsumfang und einzelnen Risikoausschlüssen zu dem unzutreffenden Schluß gelangen könnten, Risikoausschlüsse würden per se den VN benachteiligen.

Subsidiaritätsklauseln können, wie oben erörtert, rechtstechnisch auf vielfältige Weise wirken, sei es z.B. als bedingter Risikoausschluß oder indem sie die Haftung des Versicherers unter einen Vorbehalt stellen. Gemein haben alle diese Bestimmungen, daß sie die vom Versicherer übernommene Risikotragung, sozusagen das

---

1) Vgl. grundsätzlich zu diesen beiden Begriffen Prölss-Martin § 49 Anm. 1 B a
2) Frenz VersR 79, 396
3) Wagner ZVersWiss 77, 142 f.
4) Sieg VersR 77, 491
5) Frenz VersR 79, 396; Schlosser/Coester-Waltjen/Graba § 1 Rz. 12; Wagner ZVersWiss 77, 142 f.
6) Frenz VersR 79, 396
7) Möller VersRdschau 76, 346

Produkt des Versicherungsvertrages, im Ergebnis einschränken. Man kann die Subsidiaritätsklauseln deshalb zu den sogenannten sekundären Risikoabgrenzungen zählen. Als solche werden alle diejenigen Bestimmungen bezeichnet, die Ausnahmen von dem als primärer Risikoabgrenzung begrifflich gekennzeichneten Rahmen des grundsätzlich gewährten Versicherungsschutzes schaffen.[1]

Subsidiaritätsklauseln gehören als sekundäre Risikoabgrenzungen insbesondere auch aufgrund ihres potentiellen Einflusses auf die Prämienkalkulation zu den Bestimmungen, die das wirtschaftliche Leistungsangebot des Versicherers mitbestimmen. Nach der hier dargestellten Ansicht wären Subsidiaritätsklauseln der Inhaltskontrolle nach § 9 AGBG entzogen.

bb) Ansicht Schäfers

Nach Ansicht Schäfers [2] ist § 8 AGBG wörtlich auszulegen. Eine enge am Wortlaut orientierte Auslegung sei geboten, da das AGBG eine Ausnahme vom Prinzip der Vertragsfreiheit darstelle.[3] Danach fielen alle, aber zugleich auch nur solche Bestimmungen in den Anwendungsbereich der Inhaltskontrolle, die gesetzliche Regeln ergänzten oder davon abwichen. Als gesetzliche Regeln kämen in diesem Zusammenhang die dispositiven Vorschriften des VVG und des BGB in Betracht.[4]

Dieser Autor kann insofern zu anderen Ergebnissen gelangen als die Vertreter der zuvor dargestellten Ansicht, als auch Bestimmungen, die eine Leistungsbeschreibung, sei es in Form von primären oder von sekun-

---

1) Vgl. Prölss-Martin § 49 Anm. 1 B a; vgl. auch BGHZ 23, 355, 358 f.; Wilke S. 12 ff.
2) Schäfer VersR 78, 4 ff.
3) Schäfer VersR 78, 8
4) Schäfer VersR 78, 8

dären Risikoabgrenzungen, enthalten, der Inhaltskontrolle unterliegen können, soweit sie eine Gesetzesabweichung oder -ergänzung bedeuten.
Bei Zugrundelegung dieser Auffassung wäre zur Feststellung der Kontrollfähigkeit von Subsidiaritätsklauseln zu prüfen, ob diese eine Abweichung von dispositiven gesetzlichen Regeln bzw. eine Ergänzung dazu mit sich bringen.

In Betracht käme eine Abweichung von § 59 I VVG.
Im Falle der Doppelversicherung stehen dem VN beide Versicherer als Gesamtschuldner gegenüber. Der VN kann also nach seiner Wahl jeden der Versicherer hinsichtlich der Entschädigung in Anspruch nehmen.

Eine Subsidiaritätsklausel hat zur Folge, daß möglicherweise eine alternative Haftung der Versicherer eintritt, jedenfalls aber ein Nebeneinander der Ersatzverpflichtungen ausgeschlossen ist.

Es könnte dahingehend argumentiert werden, daß aufgrund der Subsidiaritätsklausel das Eintreten der Voraussetzungen der Doppelversicherung gerade verhindert werde und deshalb § 59 I VVG nicht als Norm zur Verfügung stehe, von der abgewichen werde.

Eine solche Sicht wäre indes zu formalistisch und würde den Sinn des § 8 AGBG nicht genügend berücksichtigen.

Der Begriff der Abweichung von Rechtsvorschriften in § 8 AGBG ist im Zusammenhang mit der Regelung des § 9 II Nr. 1 AGBG auszulegen [1], in der auf eine Abweichung von wesentlichen Grundgedanken der gesetzlichen Regelung abgestellt wird. Gemeint ist daher in § 8 und § 9

---

1) Vgl. Wolf-Horn-Lindacher/Wolf § 9 Rz. 66

II Nr. 1 AGBG jede Abweichung von der in der betreffenden dispositiven Norm getroffenen Wertentscheidung.[1]

Die Beurteilung der Frage, ob eine Bestimmung der Inhaltskontrolle unterliegt oder nicht, kann angesichts dieses Gesetzeszwecks nicht davon abhängig sein, auf welchem rechtstechnischen Weg die Abweichung von der gesetzlichen Regelung herbeigeführt wurde. Denn damit wäre es dem Verwender möglich, durch eine entsprechende Formulierung seine AGB bewußt von vornherein jeglicher Angemessenheitsprüfung zu entziehen. Ein solches Ergebnis würde den beabsichtigten Kundenschutz erheblich beeinträchtigen und wäre auch mit dem in § 7 AGBG normierten Umgehungsverbot unvereinbar.

Kommt aufgrund einer vorformulierten Bestimmung eine dispositive gesetzliche Vorschrift gar nicht zur Anwendung, muß sich diese vertragliche Bestimmung aufgrund des Schutzzwecks der §§ 8 - 11 AGBG unmittelbar an dem rechtlichen Zustand messen lassen, der bestünde, wenn man die vertragliche Bestimmung hinwegdächte.

Subsidiaritätsklauseln bedeuten für den Versicherten den Verlust der in § 59 I VVG vorgesehenen Möglichkeit, im Falle mehrerer Deckungen desselben Wagnisses wahlweise jeden der beteiligten Versicherer in Anspruch zu nehmen. Darin liegt eine für den Versicherten nachteilige inhaltliche Abweichung von der in § 59 I VVG getroffenen Schutzanordnung.

Diese am Wortlaut des § 8 AGBG orientierte Auffassung käme zu dem Ergebnis, daß Subsidiaritätsklauseln in den Anwendungsbereich der Inhaltskontrolle fielen.

---

1) Vgl. Löwe/Graf v. Westphalen/Trinkner § 9 Rz. 22; Wolf-Horn-Lindacher/Wolf § 8 Rz. 6

cc) Gegner einer prinzipiellen Kontrollfreiheit leistungsbeschreibender Klauseln

Die überwiegende Zahl von Stimmen in der Literatur befürwortet eine grundsätzliche Anwendbarkeit der Inhaltskontrolle auf sekundäre Risikobeschreibungen. Von diesen Autoren wird jedoch im einzelnen unterschiedlich beurteilt, ob und in welchem Umfang überhaupt ein kontrollfreier Bereich bezogen auf Versicherungsklauseln bestehen sollte.

aaa) Kontrollfreiheit primärer Risikoabgrenzungen

Zu nennen ist zunächst eine Ansicht [1], derzufolge alle primären Risikobeschreibungen konntrollfrei bleiben sollen.

Das Bedürfnis nach einer Kontrolle der sekundären Risikobeschreibungen wird einerseits mit dem Gedanken des Vertrauensschutzes[2] und andererseits mit der Möglichkeit des Versicherers begründet, den Vertragszweck durch sekundäre Risikobeschreibungen derart einzuschränken, daß dieser im Sinne von § 9 II Nr. 1 AGBG gefährdet sein könne.[3]

bbb) Kontrollfreiheit eines Kernbereichs

Ein noch weiterer Anwendungsbereich der Inhaltskontrolle wird von denjenigen befürwortet, die lediglich

---

1) Fenyves VersRdschau 76, 353, 365; Schlosser/Coester-Waltjen/Graba/Graba § 8 Rz. 20
2) Fenyves a.a.O. S. 365
3) Schlosser/Coester-Waltjen/Graba/Graba § 8 Rz. 20

einen Kernbereich der Produktbeschreibung der Angemessenheitsprüfung vorenthalten wollen.[1]

Die verwendeten Definitionen sind unterschiedlich. Kontrollfrei solle die "allgemeinste Beschreibung des versicherten Objekts und der versicherten Gefahr" [2], "jene Klauseln, die den Versicherungsschutz unmittelbar beschreiben" [3] oder der den VN lediglich begünstigende enge Kernbereich der Leistungsbeschreibung sein.[4]

Allen diesen im Detail voneinander abweichenden Auffassungen ist eines gemein:

Auch primäre Risikobegrenzungen können danach kontrollfähig sein, wenn sie Risiken ausscheiden, die in die durch den Vertragszweck begründete Leistungserwartung des Kunden fallen können.[5]

ccc) Befürworter einer ausnahmslosen Inhaltskontrolle

Schließlich wird eine vollständige Inhaltskontrolle von Leistungsbeschreibungen gefordert.[6]

---

1) Bergeest S. 62 ff.; Ulmer-Brandner-Hensen/Brandner § 8 Rz. 19; Prölss-Martin Vorbem. I 6 C a; Bruck-Möller/Winter Bd. V/2 A 80
2) Prölss-Martin Vorbem. I 6 C a
3) Erman/Hefermehl § 8 Rz. 10
4) Bergeest S. 63; Bruck-Möller/Winter Bd. V/2 A 80
5) Brandner in Festschr. f. Hauß S. 11 f.
6) Bauer BB 78, 480; Helm NJW 78, 132; Wolf-Horn-Lindacher/Horn § 23 Rz. 464; H.D. Horn S. 73 ff.; Koch-Stübing § 8 Rz. 9; Schmidt-Salzer F. 30, 31; wohl auch Werber VersR 86, 1, 4 mit dem Hinweis, daß die allgemeinste Fixierung des Schutzzwecks der Versicherung als Individualabrede anzusehen und deshalb kontrollfrei sei.

dd) Rechtsprechung

Eine höchstrichterliche Entscheidung darüber, ob AGB, die Leistungsbeschreibungen enthalten, einer Inhaltskontrolle anhand von § 9 AGBG zugänglich sind, steht derzeit, soweit ersichtlich, noch aus.[1] Von verschiedenen Untergerichten wurde die Ueberprüfbarkeit von Risikoausschlußklauseln ausdrücklich bejaht.[2]

ee) Stellungnahme

Nach überwiegender Ansicht im Schrifttum fielen Subsidiaritätsklauseln in den Anwendungsbereich der Inhaltskontrolle. Lediglich die Vertreter der Kontrollfreiheit aller Bestimmungen, die eine Leistungsbeschreibung enthalten, kämen zu dem Ergebnis, daß die Subsidiaritätsklauseln aufgrund von § 8 AGBG einer Inhaltskontrolle nicht zugänglich wären.

Folglich ist der Frage nachzugehen, ob § 8 AGBG einen derart weitgezogenen Bereich von Kontrollfreiheit fordert.
Dabei kann eine exakte Definition des kontrollfreien Raumes für die Prüfung von Subsidiaritätsklauseln dahinstehen, da diese Bestimmungen ganz offensichtlich nicht zum Kernbereich der Produktbeschreibung eines Versicherungsvertrages gehören, sondern vielmehr den Charakter einer sekundären Beschränkung des übernommenen Risikos tragen, zumal in ihnen auf außerhalb des Vertrages liegende Umstände, nämlich die Existenz weiterer Versicherungen, Bezug genommen wird.

---

1) Der BGH hat die Frage in VersR 83, 822 explizit offengelassen
2) OLG Celle VersR 82, 457 f.; OLG Schleswig VersR 83, 1183 f.; LG München NJW 83, 1685; vgl. aber auch OLG Bremen VersR 85, 957

Der Wortlaut des § 8 AGBG ist für eine genauere Bestimmung des kontrollfreien Bereiches wenig ergiebig.

Die in § 8 AGBG enthaltene Aussage, derzufolge Klauseln, die eine gesetzliche Regelung nur wiederholen, kontrollfrei sind, trägt nur dem Grundsatz Rechnung, daß Zivilgerichte nicht die Befugnis haben, rechtliche Vorschriften, zumindest soweit sie in formellen Gesetzen Ausdruck gefunden haben, auf ihre inhaltliche Angemessenheit hin zu überprüfen, und hat daher ihrerseits selbst nur wiederholenden Charakter.

Eine eigenständige inhaltliche Aussage enthält § 8 AGBG allerdings insofern, als nur rechtliche und nicht rein wirtschaftliche Regelungen der Inhaltskontrolle unterliegen sollen.
Nur ist damit nicht die Frage beantwortet, wie Bestimmungen zu behandeln sind, welche die Rechtsbeziehungen zwischen den Parteien betreffen, gleichzeitig aber auch den Leistungsgegenstand selbst und damit das Verhältnis von Leistung und Gegenleistung im Vertrag berühren. Dieses Problem läßt sich nur unter Berücksichtigung des Gesetzeszwecks der Vorschriften des AGBG lösen.

Gegen das Argument, eine Kontrolle primärer Risikobegrenzungen bedeute eine Kontrolle der wirtschaftlichen Entscheidungsfreiheit der Parteien und verletze so den Grundsatz der Privatautonomie, sind mit Recht Einwände erhoben worden.

Zunächst ist die Privatautonomie kein schlechthin unantastbares Gut, welches grundsätzlich jeglichen Eingriff verbieten würde.[1] Dies ergibt sich nicht zuletzt aus den einschlägigen Normen des BGB (§§ 138, 242 BGB).

---

1) Vgl. H.D. Horn S. 68 f.; Bruck-Möller/Winter Bd. V/2 A 67

Der Wert des Prinzips der Vertragsfreiheit ist vielmehr im Falle der Verwendung von AGB in ein Verhältnis zu dem Zweck und Gewicht der Regelungen des AGBG zu setzen.[1] Dabei sind Einschränkungen der Privatautonomie aufgrund des besonderen Kräfteverhältnisses zwischen Verwender und Kunden zur Abwehr anstößiger Klauseln grundsätzlich hinzunehmen.

Auch Bestimmungen in AGB, die Einfluß auf das wirtschaftliche Verhältnis von Leistung und Gegenleistung haben, dürfen insofern nicht von vornherein für den Richter unantastbar sein. Insbesondere für Bestimmungen mit einem Doppelcharakter, also mit rechtlichem und wirtschaftlichem Bezug, ist eine grundsätzliche Ausnahme nicht zu befürworten, weil sonst möglicherweise für den Kunden einschneidende rechtliche Regelungen allein aufgrund ihres vielleicht auch nur marginalen Beitrages zur Bestimmung des vertraglichen Leistungsgegenstandes kontrollfrei blieben.

Ein zwingender Grundsatz, nach dem jegliche, die vertragliche Leistungsbeschreibung berührende Regelung von der Inhaltskontrolle ausgenommen wäre, ist daher nicht anzuerkennen.

Auch im Hinblick auf Versicherungsverträge ergeben sich demgegenüber keine Besonderheiten.
Leistungsbeschreibende AVB nehmen in diesem Zusammenhang keine prinzipielle Sonderstellung ein, denn auch vertragliche Bestimmungen z.B. über Gewährleistung, Vertragsstrafen, Lieferfristen und Garantien in anderen Wirtschaftsbereichen haben einen potentiellen Einfluß auf die Kalkulation des Verwenders, so daß eine richterliche Kontrolle solcher Klauseln (und gegebenenfalls ihre Verwerfung), die allenthalben akzeptiert

---

1) Vgl. H.D. Horn S. 68 f.; van de Loo S. 56; Bruck-Möller/ Winter Bd. V/2 A 67

wird, einen erheblichen Eingriff in die Vertragsfreiheit bedeutet.[1]

Auch die Argumentation, derzufolge die Entscheidung über Risikoausschlüsse nicht Untergerichten anvertraut werden dürfte, denen die erforderlichen Spezialkenntnisse fehlten [2], überzeugt nicht.

Zum einen spricht dagegen, daß die Rechtsprechung in vielen Bereichen Spezialkenntnisse des Richters voraussetzt [3] und nicht schon deshalb alle Spezialmaterien der Kontrolle entzogen sein könnten.
Zum anderen muß sich diese Ansicht die Frage nach einer Alternative zur richterlichen Überprüfung gefallen lassen.

Es erscheint nicht vorzugswürdig, diesen für den Verbraucherschutz so wichtigen Bereich der Kontrolle von Versicherungsbedingungen allein der Aufsichtsbehörde zu überlassen. Allein die schon erwähnten gerichtlichen Entscheidungen [4], in denen behördlich genehmigten Klauseln die Wirksamkeit abgesprochen wurde, lassen berechtigte Zweifel daran entstehen, ob nicht doch eine weitere Kontrollinstanz notwendig ist.
Weiter spricht die Gefahr einer zunehmenden "Betriebsblindheit" grundsätzlich gegen die alleinige Kontrolle einer zentralen Behörde. Schließlich müßten derartige Klauseln in aufsichtsfreien Bereichen gänzlich kontrollfrei bleiben.

Eine völlige Kontrollfreiheit würde indes die Verwirklichung des Gesetzeszwecks - den Kundenschutz - erheblich in Frage stellen.

---

1) So zu Recht Fenyves VersRdschau 76, 363
2) Vgl. Möller VersRdschau 76, 346
3) Vgl. Bruck-Möller/Winter Bd. V/2 A 68
4) OLG Celle VersR 82, 457 f.; LG München NJW 83, 1685

Bezogen auf Subsidiaritätsklauseln im besondren ergibt sich daraus folgendes.

Subsidiaritätsklauseln können Einfluß auf die Prämienkalkulation haben. Damit ist ein Bezug zur Leistungsbeschreibung hergestellt. Dies rechtfertigt aber nicht eine Freistellung dieser Klauseln von der Inhaltskontrolle.

Subsidiaritätsklauseln können für den VN sehr einschneidende Konsequenzen bis hin zum vollständigen Verlust des Versicherungsschutzes haben. Die wirtschaftliche Berücksichtigung der Subsidiaritätswirkung bei der Prämienkalkulation bleibt indes in vielen Fällen für den VN unüberprüfbar.
Die grundsätzliche Zulässigkeit einer richterlichen Angemessenheitsprüfung von Subsidiaritätsklauseln ist somit im Interesse eines effektiven Kundenschutzes unverzichtbar.

b) Verhältnis der Inhaltskontrolle zu § 3 AGBG

Gemäß § 3 AGBG gelten überraschende Klauseln, d.h. Klauseln, die so ungewöhnlich sind, daß der Vertragspartner nicht mit ihnen zu rechnen braucht, als nicht in den Vertrag miteinbezogen.

§ 3 AGBG ist grundsätzlich auch auf vorformulierte Versicherungsbedingungen anwendbar.[1)]

---

1) BGH VersR 85, 129; Ulmer-Brandner-Hensen/Brandner Anh. §§ 9 - 11 Rz. 853; Wolf-Horn-Lindacher/Lindacher § 3 Rz. 23; Bruck-Möller/Winter Bd. V/2 A 52; Wagner ZVersWiss 77, 124 f.; Helm NJW 78, 132; so auch Martin SVR A IV 5, der allerdings § 3 AGBG bezogen auf AVB ein selbständiges Anwendungsgebiet abspricht.

Eine Ausnahme behördlich genehmigter AVB vom Anwendungsbereich des § 3 AGBG, wie sie im Schrifttum teilweise ebenso wie in der amtlichen Begründung [1] gefordert wird [2], ist zu Recht auf Ablehnung gestoßen.[3]

Es ist nicht ausgeschlossen, daß in Einzelfällen überraschende Klauseln zur Anwendung gelangen, obwohl der behördlichen Genehmigung eine Prüfung vorangeht. Im übrigen kann die These, daß dem Schutzbedürfnis der Versicherten durch das aufsichtsbehördliche Genehmigungsverfahren Genüge getan werde, auch aufgrund verschiedener Klauseln, die von der Rechtsprechung als überraschend eingestuft wurden, als hinreichend widerlegt angesehen werden.

Wie bereits ausgeführt, besteht bei vorformulierten Versicherungsbedingungen gegenüber vielen anderen AGB die Besonderheit, daß die Produktbeschreibung selbst in AGB vorgenommen wird. Insbesondere in Bereichen des Massengeschäfts steht der in vielen Fällen unerfahrene Kunde oft vor einem umfangreichen Werk für ihn nur schwer verständlicher Bestimmungen.
Dies darf aber nicht dazu führen, Versicherungsklauseln deshalb, weil sie so zahlreich verwendet werden und es verbreitet ist, daß Versicherungsbedingungen viele für den Laien kaum nachvollziehbare rechtstechnische Begriffe enthalten, a priori einen möglichen Überraschungseffekt abzusprechen.
Eine solche Argumentation kann allenfalls für den kaufmännischen Verkehr Platz greifen, in dem der versicherungsnehmende Vertragsteil häufig aufgrund von Sonderkenntnissen weniger schutzwürdig ist.

---

1) BT - Drucksache 7/3919 S. 20
2) Helm NJW 78, 132; einschränkend Löwe/Graf v. Westphalen/Trinkner § 3 Rz. 30
3) Ulmer-Brandner-Hensen/Ulmer § 3 Rz. 8; Wagner ZVersWiss 77, 125; Koch-Stübing § 3 Rz. 3; Bruck-Möller/Winter Bd. V/2 A 52; AG Charlottenburg VersR 85,156

Die generelle Frage des Verhältnisses der Anwendungsbereiche des § 3 AGBG einerseits und der Vorschriften über die Inhaltskontrolle andererseits hat eine Kontroverse entstehen lassen.
Nach einer Ansicht in der Rechtsprechung [1] besteht ein logischer Vorrang des § 3 AGBG. Eine Regelung, die aufgrund ihrer Überraschungswirkung nicht Bestandteil des Vertrages werde, könne nicht unangemessen sein.
Koch-Stübing vertreten dagegen die Auffassung, dogmatische Gründe sprächen für einen Vorrang der §§ 9 - 11 AGBG. Das AGB-Gesetz normiere in den §§ 9 - 11 einen generell objektiven Unwirksamkeitsbegriff, nach dem AGB unabhängig von dem betreffenden Einzelvertrag zulässig oder unzulässig seien. AGB, die der Inhaltskontrolle nicht standhielten, könnten daher gar nicht Bestandteil eines Einzelvertrages werden.[2]
Nach überwiegender Ansicht [3] überschneiden sich die Anwendungsbereiche der genannten Vorschriften mit der Folge, daß sie grundsätzlich nebeneinander anwendbar seien.
Von einigen Autoren, insbesondere aus dem versicherungsrechtlichen Schrifttum, wird dabei eine restriktive Anwendung des § 3 AGBG gefordert. In Fällen, in denen sich die Überraschungswirkung aus einer inhaltlichen Unangemessenheit ergeben könnte, sei eine wertende Betrachtung im Wege der Inhaltskontrolle nach § 9 AGBG bezogen auf Versicherungsbedingungen das geeignetere Instrument, um den beteiligten Interessen gerecht zu werden.[4]

---

1) OLG Karlsruhe NJW 81, 405 f.
2) Koch-Stübing § 3 Rz. 5
3) Ulmer-Brandner-Hensen/Ulmer § 3 Rz. 5; Wolf-Horn-Lindacher/Lindacher § 3 Rz. 6; MüKo-Kötz § 3 Rz. 2; Staud.-Schlosser § 3 Rz. 2
4) Vgl. Ulmer-Brandner-Hensen/Brandner Anh. §§ 9 - 11 Rz. 853; Wolf-Horn-Lindacher/Horn § 23 Rz. 456; Prölss-Martin Vorbem. I 6 C; i.E. ebenso Martin VersR 84, 1108 f.

Die Frage eines logischen oder dogmatischen Rangverhältnisses zwischen § 3 AGBG und den Vorschriften über die Inhaltskontrolle sollte nicht überbewertet werden. Denn zu Recht wird darauf hingewiesen, daß sich schon aufgrund der identischen Rechtsfolgen mangelnder Einbeziehung und inhaltlicher Unangemessenheit, nämlich Geltung der dispositiven gesetzlichen Vorschriften, kein prinzipieller Vorrang einer der Bestimmungen zwingend ergebe.[1]
Der systematische Aufbau des AGBG scheint dafür zu sprechen, daß in problematischen Fällen die Frage der Einbeziehung vor der inhaltlichen Angemessenheit zu prüfen ist.
Aus rechtspolitischen Gründen sollte den Vorschriften über die Inhaltskontrolle aber immer dann eine Priorität eingeräumt werden, wenn die Gründe für den überraschenden Charakter einer AGB Klausel und deren inhaltliche Unangemessenheit identisch sind.
Die Vorschriften über die offene Inhaltskontrolle enthalten einen gegenüber § 3 AGBG weit detaillierteren Prüfungsmaßstab, der für ein größeres Maß an Rechtssicherheit sorgen könnte.
In diesem Zusammenhang findet sich der zutreffende Hinweis, daß die Gerichte zu besser nachvollziehbaren Entscheidungen angehalten wären, wenn sie im Falle inhaltlicher Unangemessenheit einer Klausel die Inhaltskontrolle an Stelle eines mehr pauschalen Hinweises auf die Überraschungswirkung einsetzten.[2] Eine größere Transparenz der Rechtsprechung stellte einen Beitrag zur Verbesserung des Kundenschutzes dar. Zudem spricht der Gesichtspunkt der Rechtsklarheit dafür, den Bereich der nach § 3 AGBG zu prüfenden Aspekte auf formale und äußerliche Merkmale wie die drucktechnische Gestaltung

---

1) Staud.-Schlosser § 3 Rz. 2; Ulmer-Brandner-Hensen/Ulmer § 3 Rz. 5; Wolf-Horn-Lindacher/Lindacher § 3 Rz. 6
2) Vgl. Werber VersR 86, 6; MüKo-Kötz § 3 Rz. 2

von Bedingungen, deren systematische Stellung in einem Gesamtwerk sowie das Verhalten des Versicherers beim Vertragsschluß zu beschränken.[1]
Für die Wirksamkeit von Subsidiaritätsklauseln im besondren folgt aus dem Vorstehenden, daß ihre Einbeziehung in den Versicherungsvertrag nur bei Vorliegen besonderer äußerlicher Merkmale wie zum Beispiel einer versteckten Stellung im Bedingungsaufbau oder einer Aufnahme in den Vertrag entgegen anderslautenden Hinweisen des Versicherers beim Vertragsschluß zu verneinen ist. Soweit sich allein angesichts ihres Inhalts Zweifel daran ergeben sollten, ob der VN mit einer solchen Bestimmung rechnen mußte, wird eine wertende Inhaltskontrolle diesem Problem eher gerecht.

c) Kontrolle der Angemessenheit von Subsidiaritätsklauseln anhand der Generalklausel des § 9 AGBG

aa) Prüfungsmaßstab

Entsprechend seiner Funktion als Auffangklausel [2] enthält § 9 I AGBG als Prüfungsmaßstab nur das sehr pauschale Verbot unangemessener Benachteiligung. Dieses wird in Absatz 2 der Vorschrift durch zwei Kriterien weiter konkretisiert, bei deren Vorliegen eine Vermutung [3] für die inhaltliche Unangemessenheit einer Klausel spricht.
Danach ist im Zweifel eine unangemessene Benachteiligung des Vertragspartners anzunehmen, wenn eine Bestimmung von wesentlichen Grundgedanken gesetzlicher Rege-

---

1) Vgl. Wagner ZVersWiss 77, 129 ff.; Werber VersR 86, 6; van de Loo S. 25; Bruck-Möller/Winter Bd. V/2 A 67 a. E.; vgl. Wolf-Horn-Lindacher/Horn § 23 Rz.456
2) Statt vieler Ulmer-Brandner-Hensen/Brandner § 9 Rz. 58
3) Vgl. Ulmer-Brandner-Hensen/Brandner § 9 Rz. 94; Wolf-Horn-Lindacher/Wolf § 9 Rz. 58; a.A. Dietlein-Rebmann § 9 Rz. 15

lungen abweicht (§ 9 II Nr. 1 AGBG) oder wesentliche vertragliche Rechte oder Pflichten derart verändert, daß die Erreichung des Vertragszwecks gefährdet ist (§ 9 II Nr. 2).[1]

Die Voraussetzungen der beiden in § 9 II AGBG normierten Regelbeispiele, deren Anwendungsbereiche sich überschneiden und einander ergänzen können [2], sind zur Feststellung der inhaltlichen Angemessenheit grundsätzlich vorrangig zu prüfen.[3]

Ebenso wie bei der Auslegung von AGB ist bei deren Inhaltskontrolle von einer objektiv generalisierenden Betrachtungsweise auszugehen, welche die konkreten Umstände des jeweiligen Einzelfalles unberücksichtigt läßt.[4] Zu differenzieren ist aber auch hier nach Kundenkreisen, gegenüber denen die betreffende Klausel typischerweise verwendet wird.[5]

Vergröbernd wird man also auch hinsichtlich der Inhaltskontrolle sagen können, daß die Prüfungskriterien bezüglich des Massengeschäfts einerseits und der Verwendung von Versicherungsbedingungen gegenüber gewerblichen Kunden, also Kaufleuten andererseits unterschiedliche sein können.[6]

Die Angemessenheitsprüfung verlangt eine beiderseitige Interessenabwägung.[7] Eine inhaltliche Unangemessenheit

---

1) Sog. Aushöhlungsverbot vgl. Ulmer-Brandner-Hensen/Brandner § 9 Rz. 102
2) Ulmer-Brandner-Hensen/Brandner § 9 Rz. 95; Wolf-Horn-Lindacher/Wolf § 9 Rz. 62
3) Ulmer-Brandner-Hensen/Brandner § 9 Rz. 55; so auch Wolf-Horn-Lindacher/Wolf § 9 Rz. 62;
4) Ulmer-Brandner-Hensen/Brandner § 9 Rz. 70; Wolf-Horn-Lindacher/Wolf § 9 Rz. 51; Schlosser/Coester-Waltjen/Graba § 9 Rz. 51; MüKo-Kötz § 9 Rz. 5; Erman Hefermehl § 9 Rz. 7; BGHZ 22, 90, 98; 52, 61, 63; BGH NJW 82, 765, 1391; 83, 159; 87, 487, 489; a.A. Schmidt-Salzer E. 33
5) BGH NJW 82, 765, 1391 f.; 87, 487, 489; vgl. Ulmer-Brandner-Hensen/Brandner § 9 Rz. 72
6) Vgl. Ulmer-Brandner-Hensen/Brandner § 9 Rz. 72; Sieg VersR 77, 491
7) Vgl. Ulmer-Brandner-Hensen/Brandner § 9 Rz. 50; BGHZ 52, 61, 63; BGH NJW 82, 1392

kann nicht allein schon dann festgestellt werden, wenn die in Rede stehende Klausel die Rechtsstellung des Vertragspartners im Vergleich zur gesetzlichen Regelung verschlechtert.
Zum einen sind nur erhebliche Beeinträchtigungen relevant [1], wobei der Begriff der Erheblichkeit in jedem einzelnen Prüfungsfall auszufüllen ist. Zum anderen sind bei der Abwägung berechtigte Interessen des Verwenders mitzuberücksichtigen.[2] Handelt es sich bei dem Verwender um einen Versicherer, ist bei der Verhältnismäßigkeitsprüfung stets auch das von dem Versicherer repräsentierte Interesse seiner anderen VN an einer intakten Gefahrengemeinschaft zu beachten.[3]
Mit anderen Worten darf die Inhaltskontrolle nicht dazu führen, daß dem Versicherer im Ergebnis ein wirtschaftlich nicht überschaubares Risiko aufgebürdet wird [4], welches die Einstandsfähigkeit des Versicherers gegenüber der Gemeinschaft der Versicherten gefährden könnte.
Mit Ausnahme von Fällen, in denen die Interessen Dritter quasi aufgrund einer Obhutsstellung des Verwenders mittelbar mitberücksichtigt werden [5], hat § 9 AGBG unmittelbar nur den Schutz des Vertragspartners zum Ziel.[6] Dritte können daher grundsätzlich keine Rechte aus § 9 AGBG herleiten.[7]

---

1) Vgl. Wolf-Horn-Lindacher § 9 Rz. 50; das Erfordernis einer erheblichen Beeinträchtigung ergibt sich auch aus § 9 II Nr. 2 AGBG, in dem eine Gefährdung des Vertragszwecks vorausgesetzt wird.
2) Ulmer-Brandner-Hensen/Brandner § 9 Rz. 68; Wolf-Horn-Lindacher/Wolf § 9 Rz. 50, 80
3) Vgl. BGH NJW 1980, 1953, 1955; Wolf-Horn-Lindacher/Wolf § 9 Rz. 110
4) Werber VersR 86, 5
5) Vgl. zum mittelbaren Schutz Dritter Wolf-Horn-Lindacher/Wolf § 9 Rz. 56, 109; BGH NJW 82, 178, 180
6) Ulmer-Brandner-Hensen/Brandner § 9 Rz. 67; Wolf-Horn-Lindacher/Wolf §9 Rz. 56; Dietlein-Rebmann § 9 Rz. 7
7) Etwas anderes gilt für die Verbandsklage gem. §§ 13 ff. AGBG

Weiterhin sind in die Prüfung solche vertraglichen Bestimmungen miteinzubeziehen, die geeignet sind, die Benachteiligungen für den Kunden auszugleichen.[1] Schließlich darf bei der Bewertung von AGB die vertragliche Gegenleistung nicht völlig unberücksichtigt bleiben.[2] Zwar wird allgemein angenommen, daß eine inhaltlich unangemessene Benachteiligung des Kunden aufgrund von AGB nicht durch einen niedrigeren Preis aufgewogen werden kann [3], weil zum einen der Preisvorteil für den Kunden nicht nachprüfbar sei [4] und zum anderen auf diese Weise jede noch so weitgehende Schlechterstellung des Kunden rechtswirksam durchsetzbar sei.[5] Ausnahmen seien, wie im Versicherungsgeschäft, jedoch dort zu machen, wo erkennbar unterschiedliche Leistungsangebote zu unterschiedlichen Tarifen dem Kunden zur Verfügung stünden.[6] Aufgrund der für den Vertragspartner offen nachvollziehbaren Kalkulation könne eine andere Beurteilung geboten sein.

Zusammenfassend läßt sich eine unangemessene Benachteiligung immer dann feststellen, wenn das Ziel eines angemessenen vertraglichen Interessenausgleichs dadurch verfehlt wird, daß der Verwender bei der Vertragsgestaltung seine eigenen Interessen durchzusetzen versucht, ohne die des Vertragspartners hinreichend zu berücksichtigen.[7]

---

1) Vgl. zum sog. Kompensationseinwand Koch-Stübing § 9 Rz. 26; Wolf-Horn-Lindacher/Wolf §9 Rz. 134
2) Vgl. zum sog. Preisargument Ulmer-Brandner-Hensen/Brandner § 9 Rz. 78 ff.; Wolf-Horn-Lindacher/Wolf § 9 Rz. 135 f.
3) BGHZ 22, 90, 98; 33, 216, 219; 77, 126, 131; BGH VersR 82, 482
4) Ulmer-Brandner-Hensen/Brandner § 9 Rz. 79
5) Palandt/Heinrichs § 9 Anm. 2 b; Erman/Hefermehl § 9 Rz. 8; Staud./Schlosser § 9 Rz. 33; MüKo-Kötz § 9 Rz. 7
6) Vgl. Prölss-Martin Vorbem. I C b aa; Ulmer-Brandner-Hensen/Brandner Anh. §§ 9 - 11 Rz. 854
7) Vgl. BGH NJW 84, 1182; 85, 53, 2328; 86, 424

aaa) Unvereinbarkeit mit wesentlichen Grundgedanken gesetzlicher Regelungen (§ 9 II Nr. 1 AGBG)

Ausgehend von dem seitens der Rechtsprechung geprägten Begriff der Leitbildfunktion des dispositiven Rechts [1] indiziert eine erhebliche Abweichung von gesetzlichen Regelungen zu Lasten des Vertragspartners die Unangemessenheit einer Bestimmung.[2]

Zu den gesetzlichen Regelungen i.S.d. § 9 II Nr. 1 AGBG zählen alle Rechtsvorschriften wie auch von der Rechtsprechung entwickelte Rechtsgrundsätze und Gewohnheitsrecht.[3]

Nach richtiger Ansicht kommt es hinsichtlich der Normen, von denen abgewichen wird, nicht darauf an, ob diese einen wesentlichen Gerechtigkeitsgehalt oder überwiegend nur einen Zweckmäßigkeitsgehalt haben.[4] Gegen eine derartige Differenzierung spricht die Ungenauigkeit und Subjektivität der Abgrenzung von Vorschriften, die einen in diesem Sinne hinreichenden Gerechtigkeitsgehalt haben.[5]
Dem Umstand, daß viele gesetzliche Regelungen diesbezüglich einen Doppelcharakter besitzen, also Zweckmäßigkeits- und Gerechtigkeitsgesichtspunkten Ausdruck verleihen sollen, kann eher dadurch Rechnung getragen werden, daß grundsätzlich jede gesetzliche Regelung, die auf irgendeine Weise geeignet ist, einem wesent-

---

1) BGHZ 41, 151, 154; 54, 106, 109; 60, 377, 380; BGH NJW 85, 2328
2) Ulmer-Brandner-Hensen/Brandner § 9 Rz. 42
3) Vgl. BT - Drucksache 7/3919 S. 23; BGH NJW 84, 1184, 1186; Ulmer-Brandner-Hensen/Brandner § 9 Rz. 99; Schlosser/Coester-Waltjen/Graba § 9 Rz. 24
4) Ulmer-Brandner-Hensen/Brandner § 9 Rz. 96; Wolf-Horn-Lindacher/Wolf § 9 Rz. 71 f.; Löwe/Graf v. Westphalen/Trinkner § 9 Rz. 26; Koch-Stübing § 9 Rz. 29; a.A. BGHZ 41, 151; 54, 109; 60, 380; BGH NJW 85, 57
5) Vgl. Ulmer-Brandner-Hensen/Brandner § 9 Rz. 96

lichen Schutzbedürfnis des Kunden zu dienen, in die Prüfung mit einbezogen wird und eine Beurteilung des von der dispositiven Norm verkörperten Wertes erst im Rahmen der Interessenabwägung stattfindet.[1]

bbb) Aushöhlungsverbot (§ 9 II Nr. 2 AGBG)

Die Regelung des § 9 II Nr. 2 AGBG knüpft nicht an den Wertungsgehalt gesetzlicher Normen an, sondern stellt den Vertragszweck als Orientierungsmaßstab hin. Eine unangemessene Benachteiligung ist danach anzunehmen, wenn durch AGB wesentliche Rechtspositionen entzogen werden, auf die der Kunde nach dem Zweck und Erscheinungsbild des Vertrages vertrauen durfte.[2] Als Prüfungsmaßstab kommen sowohl individuell vereinbarte Regelungen, die durch AGB erheblich eingeschränkt werden, in Betracht, als auch das typische Bild gesetzlich nicht geregelter Vertragsarten.[3]

Im Privatversicherungsbereich ist der Vertragszweck insbesondere hinsichtlich des Massengeschäfts anhand der berechtigten Erwartungen der VN zu bestimmen, die sich aufgrund der Gesamtheit der Klauseln eines Versicherungszweiges, dessen Bezeichnung und der von den Versicherern betriebenen Werbung bilden durften.[4] Insbesondere Risikoabgrenzungen und -ausschlüsse in Versicherungsverträgen können daher im Hinblick auf einen wirtschaftlich sinnvollen Versicherungsschutz Gegenstand einer Inhaltskontrolle anhand von § 9 II Nr. 2 AGBG sein.[5]

---

1) Vgl. Wolf-Horn-Lindacher/Wolf § 9 Rz. 71; Ulmer-Brandner-Hensen/Brandner § 9 Rz. 96
2) Ulmer-Brandner-Hensen/Brandner § 9 Rz. 102; Wolf-Horn-Lindacher/Wolf § 9 Rz. 90
3) Ulmer-Brandner-Hensen/Brandner § 9 Rz. 103; Schlosser/Coester-Waltjen/Graba § 9 Rz. 29; vgl. BGHZ 60, 380
4) Vgl. Werber VersR 86, 4
5) Ulmer-Brandner-Hensen/Brandner § 9 Rz. 103; Koch-

bb) Angemessenheit einfacher Subsidiaritätsklauseln

aaa) Abweichung von wesentlichen Grundgedanken gesetzlicher Regelungen (§ 9 II Nr. 1 AGBG)

(1) Abweichung von Grundgedanken des § 59 I VVG

Es wurde bereits festgestellt, daß Subsidiaritätsklauseln eine Abweichung von der in § 59 I VVG getroffenen Regelung enthalten.[1] Auch einfache Subsidiaritätsklauseln führen dazu, daß der Versicherte anders als bei gesamtschuldnerischer Haftung grundsätzlich nur den anderweitigen Versicherer in Anspruch nehmen kann. Nicht jede Abweichung ist indes automatisch unangemessen. Die Angemessenheit kann vielmehr, wie oben erläutert, nur durch eine Abwägung der Beeinträchtigung der Interessen des Versicherten einerseits und dem Verwenderinteresse des Versicherers andererseits festgestellt werden.
In § 59 VVG hat das schadenversicherungsrechtliche Bereicherungsverbot eine spezielle Ausprägung gefunden.[2] Auch bei Bestehen mehrerer Versicherungen desselben Interesses soll der Versicherte im Schadenfall die Entschädigungssumme insgesamt nur einmal erhalten.
Einfache Subsidiaritätsklauseln stellen den Versicherten insofern nicht schlechter, da der subsidiär haftende Versicherer grundsätzlich in Höhe des von dem anderweitigen Versicherer nicht entschädigten Betrages eintrittspflichtig ist.[3] Anlaß zu Bedenken könnte der Verlust der Wahlmöglichkeit des Versicherten zwischen den beteiligten Versicherern im Schadenfall geben.

Stübing § 9 Rz. 31; Erman-Hefermehl § 9 Rz. 15; Martin VersR 84, 1110; vgl. Werber VersR 86, 4
1) Siehe oben S. 111
2) Bruck-Möller/Möller § 59 Anm. 3
3) Vgl. zur Ausnahme im Falle einer nachträglichen vorsätzlichen Obliegenheitsverletzung gegenüber dem anderen Versicherer S. 41 f.

Diese Abweichung bedeutet für sich genommen keine erhebliche Beeinträchtigung der Stellung des Versicherten. Insbesondere führt sie für den Versicherten nicht zu einem gegenüber der Regelung des § 59 I VVG erhöhten Insolvenzrisiko. Auch bei einer einfachen Subsidiaritätsklausel steht dem Versicherten grundsätzlich die Liquidität beider Versicherer zur Verfügung, denn der subsidiär haftende Versicherer ist auch im Falle der Insolvenz des anderweitigen Versicherers zur Leistung verpflichtet.[1] Der Wegfall der Möglichkeit wahlweiser Inanspruchnahme der Versicherer kann aber zu einer Verzögerung der Schadenregulierung und damit zu einer Beeinträchtigung der Interessen des Versicherten führen. Eine erhebliche Verzögerung ist vorstellbar, wenn der anderweitige Versicherer im Falle eines objektiv ersatzpflichtigen Schadens die Leistung verweigert oder die Rechtslage unklar ist und sich der Subsidiärversicherer mit dem Hinweis auf die bestehende Eintrittspflicht des anderen Versicherers auf die Subsidiaritätsklausel beruft.

In den derzeit gültigen Bedingungswerken ist, wie oben erläutert [2], eine Zusatzbestimmung verbreitet, in der sich der subsidiär haftende Versicherer in Zweifelsfällen zur Vorleistung verpflichtet. Damit wird dem sogenannten Kompensationsgedanken Rechnung getragen. Fraglich ist die Wirksamkeit jedoch, wenn eine derartige Zusatzklausel fehlt und sich der Versicherer auch nicht durch eine entsprechende Erklärung im Geschäftsplan gegenüber dem Aufsichtsamt zur vorläufigen Regulierung unter dem Vorbehalt der Rückforderung verpflichtet hat.

Es wurde bereits festgestellt [3], daß in Extremfällen,

---

1) Vgl. zur Auslegung von einfachen Subsidiaritätsklauseln S. 34 ff., 36
2) Siehe dazu das Klauselbeispiel S. 38
3) S. o. S. 37 f.

das heißt in Schadenfällen, in denen die Rechtslage sehr problematisch und deren Beurteilung gegebenenfalls von grundlegender Bedeutung für Versicherer und VN ist oder die Schadenhöhe ein für den Versicherten existenzbedrohendes Ausmaß annimmt, die Auslegung nach Treu und Glauben zu einer Vorleistungspflicht des Subsidiärversicherers führen muß. Dieses Ergebnis läßt sich auch mit der Formulierungsverantwortung des Versicherers als Verwender der Klausel rechtfertigen (§ 5 AGBG).
Mit dieser Einschränkung ist zu fragen, ob die Abwägung der Beeinträchtigung des Kunden durch eine verzögerte Schadenregulierung auf der einen Seite mit dem durch den Versicherer repräsentierten Interesse der dahinterstehenden Versichertengemeinschaft, Zahlungen auf unberechtigte Ansprüche - sei es auch nur unter Vorbehalt - zu vermeiden, auf der anderen Seite zur Unangemessenheit von Subsidiaritätsklauseln führt.

In problematischen Schadenfällen, die eine umfangreiche Prüfung der Eintrittspflicht erforderlich machen, ist ohnehin eine längere Abwicklungsdauer zu erwarten, denn auch ohne die Subsidiaritätsklausel würden beide Versicherer das Recht einer genauen Prüfung für sich in Anspruch nehmen. Der aufgrund einer einfachen Subsidiaritätsklausel eintretende zusätzliche Verzögerungseffekt erscheint nicht als hinreichend gravierend. Danach verbleiben Schadenfälle, in denen der andere Versicherer unberechtigterweise seine Entschädigungsleistung verweigert. Auch angesichts dieser Fälle, in denen der Vorwurf der Verzögerung hauptsächlich dem anderen Versicherer zu machen ist, sind einfache Subsidiaritätsklauseln auch ohne Verpflichtung zur Vorleistung im Hinblick auf die Gefahr für den Versicherer, die Rückforderung vorgeleisteter Beträge nicht realisieren zu können, nicht als unangemessen zu betrachten.

(2) Abweichung von Grundgedanken des § 59 II VVG

Eine Beeinträchtigung des anderweitigen Versicherers, die dadurch eintreten kann, daß aufgrund der Subsidiaritätsklausel das Entstehen der Doppelversicherung und somit eines Ausgleichsanspruchs aus § 59 II VVG verhindert wird, obwohl der Subsidiärversicherer im Grunde die Deckung desselben Risikos versprochen hat, ist im Hinblick auf § 9 AGBG unbeachtlich. Wie oben erläutert, kommt es allein auf die Belange des Vertragspartners des Subsidiärversicherers, also des Versicherten an.

Zu erwägen wäre allenfalls, ob eine erhebliche Benachteiligung des Versicherten deswegen angenommen werden könnte, weil die Möglichkeit besteht, daß das grundsätzliche Ausscheiden eines Ausgleichsanspruchs aus § 59 II VVG Einfluß auf die Prämienkalkulation bzw. einen eventuellen Schadenfreiheitsrabatt des anderweitigen Versicherers haben könnte. Diese Möglichkeit ist allerdings wohl eher theoretischer Natur und stellt zudem in erster Linie auf außerhalb des zu prüfenden Vertrages liegende Umstände ab, so daß sie für die Frage der Unangemessenheit einfacher Subsidiaritätsklauseln unberücksichtigt bleiben kann.

(3) Abweichung von Grundgedanken des § 60 VVG

Weitere Bedenken hinsichtlich der Zulässigkeit von Subsidiaritätsklauseln könnten sich daraus ergeben, daß aufgrund des Ausschlusses der Doppelversicherung durch die Subsidiaritätsklausel § 60 VVG nicht zur Anwendung gelangt.[1]
§ 60 VVG gibt dem VN für den Fall, daß ohne seine Kenntnis Doppelversicherung entstanden ist, das Recht, entweder von dem Versicherer des später abgeschlossenen Vertrages Aufhebung bzw. Minderung von Versicherungssumme und Prämie (§ 60 I VVG) bzw. bei annähernd

---

1) Auf diese Gefahr weist Vogel in ZVersWiss 73, 567 hin.

gleichzeitigem Abschluß mehrerer Verträge von allen Versicherern eine teilweise Reduzierung von Versicherungssumme und Prämie (§ 60 II VVG) zu verlangen. Falls zum Beispiel ein VN ohne sich der Rechtsfolgen bewußt zu sein, eine weitere Versicherung abschließt, die ohne die Subsidiaritätsklausel im ersten Vertrag zur Doppelversicherung führen würde, hätte er aufgrund der Subsidiaritätsklausel nicht die Möglichkeit, die Prämie gem. § 60 VVG zu mindern.
Es sei noch einmal darauf hingewiesen, daß durch Subsidiaritätsklauseln nicht explizit die Rechtsfolgen des § 60 VVG abbedungen werden. Vielmehr findet § 60 VVG, der eine Doppelversicherung voraussetzt, keine Anwendung, weil durch die rechtliche Konstruktion der Subsidiaritätsklausel das Entstehen der Doppelversicherung verhindert wird. In Bezug auf § 9 II Nr. 1 AGBG kann aber bereits die Abweichung von Grundgedanken des dispositiven Rechts ausreichen, um die Unangemessenheit einer Bestimmung zu bejahen. Es kommt daher darauf an, ob die durch eine Subsidiaritätsklausel geschaffene Regelung mit den Grundgedanken der sonst einschlägigen gesetzlichen Regelung des § 60 VVG vereinbar ist.

Der Grundgedanke des § 60 VVG, d.h. die in ihm enthaltene gesetzgeberische Wertentscheidung besteht in einer Ausgleichsfunktion.[1] § 59 VVG schafft, wie oben bereits erläutert, ein Ungleichgewicht zwischen Leistung und Gegenleistung in den betreffenden Versicherungsverträgen. Beide Versicherer erhalten im Falle der Doppelversicherung volle Prämienzahlung. Der Versicherte kann aber dem Gedanken des Bereicherungsverbotes folgend insgesamt nicht mehr als den Betrag des Schadens beanspruchen.
Die Regelung des § 60 VVG soll dieses Ungleichgewicht zum Teil wieder ausgleichen. Der VN soll zumindest in

---

1) Vgl. Kisch Mehrfache Versicherung S. 180

den Fällen, in denen die Doppelversicherung ohne seine Kenntnis entstanden ist, die Möglichkeit haben, der ungewollten Prämienvergeudung für die Zukunft durch einen Antrag auf Aufhebung des Vertrages oder Minderung der Prämie entgegenzutreten.
Enthält ein Vertrag eine Subsidiaritätsklausel, so besteht keine Doppelversicherung. Dennoch fließt beiden Versicherern Prämie zu, so daß, selbst wenn man eine pauschale Senkung der Prämie des Subsidiärversicherers berücksichtigt, auch hier zumindest die Gefahr einer Prämienvergeudung besteht. Dieser Gefahr kann der VN im Falle einer Subsidiaritätsklausel nicht durch die Ausübung des Aufhebungs- bzw. Minderungsanspruchs entgegenwirken. Darin ist grundsätzlich eine Abweichung von dem Regelungsgehalt des § 60 VVG zu sehen.
Dem Abwägungsgebot des § 9 AGBG folgend ist weiter festzustellen, wie schwer die Beeinträchtigung der Belange des Kunden wiegt und ob Aspekte gegeben sind, die die Benachteiligung ausgleichen bzw. rechtfertigen könnten. Konkret ist jede Klausel für sich genommen zum einen hinsichtlich ihres Zwecks und zum anderen daraufhin zu untersuchen, wie der VN bei uneingeschränkter Geltung der gesetzlichen Regelung stünde.

Nachfolgend soll eine Anzahl aktuell gültiger einfacher Subsidiaritätsklauseln auf ihre Vereinbarkeit mit dem Grundgedanken des § 60 VVG hin überprüft werden.

Durch eine Reihe moderner Klauseln im Bereich der gewerblichen Versicherung (§ 2 Nr. 6 AERB 87, AWB 87, AStB 87; § 3 Nr. 3 ABMG; Klauseln 1204, 3401 und 3402 für die Feuerversicherung) wird Unternehmern die Möglichkeit eröffnet, Dritten einen Zusatzversicherungsschutz für fremde Rechnung, d.h. zum Beispiel als Aussenversicherung oder als Deckung für eingebrachte Gegenstände von Betriebsangehörigen oder Gästen in Beherbergungsbetrieben zu verschaffen. Es handelt sich dabei um einen ergänzenden Versicherungsschutz, der seinem

wirtschaftlichen Sinn nach nur dann eingreifen soll, wenn der Dritte keinen eigenen Versicherungsschutz hat.[1]
Die seitens des Arbeitgebers genommene Versicherung eingebrachter Gebrauchsgegenstände der Arbeitnehmer konkurriert nicht selten mit deren Hausratversicherung, durch die diese Gegenstände im Rahmen der Außenversicherung grundsätzlich auch versichert sind.

Hinsichtlich der doppelt versicherten Gegenstände, z.B. Kleidung, Schmuckstücke, eigene Werkzeuge, Fahrräder, Radios etc.[2] besteht - die fehlende Kenntnis des VN unterstellt - formal das Recht auf Minderung nach § 60 VVG. Die Deckungsüberschneidung, die nur solange besteht, wie sich die Gegenstände in der versicherten Betriebsstätte befinden [3], ist jedoch so gering, daß eine Prämienreduzierung für den jeweiligen VN nicht realisierbar erscheint. Gleiches gilt für die Beispiele des zusätzlich mitgewährten Außenversicherungsschutzes gemäß Feuerklausel 3401 und § 3 Nr. 3 ABMG.
Zudem ist zu berücksichtigen, daß die "Zusatzversicherung" ohne Subsidiarität eine höhere Prämie erforderlich machen würde und so die Gefahr besteht, daß die Unternehmer die Beschaffung des zum Teil freiwilligen Versicherungsschutzes für Betriebsangehörige oder Vertragspartner potentiell einschränken würden [4], was wiederum in einigen Fällen Deckungslücken zur Folge haben könnte.

---

1) Vgl. Martin SVR V I 23; diese Klauseln sind anders als die früher verwendete ED-Klausel 23 Nr. 4 ausdrücklich als einfache Subsidiaritätsklauseln formuliert.
2) Vgl. Ollick VA 82, 49
3) Gem. § 12 I VHB 84 besteht Außenversicherungsschutz nur, solange sich die versicherten Gegenstände nicht länger als 3 Monate außerhalb des Versicherungsortes, also der Wohnung des VN befinden.
4) Vgl. Martin SVR V I 23

Hier greift das oben erläuterte Preisargument ausnahmsweise einmal durch. Die - wenn auch nur pauschale - Senkung der Prämie aufgrund der Subsidiarität ist geeignet, eine etwaige Benachteiligung des VN jedenfalls zum Teil auszugleichen. Dies deshalb, weil die Benachteiligung des VN in Form des Betrages, um den er nicht mindern kann, einerseits und die pauschale Prämiensenkung andererseits stoffgleich sind.

Ähnlich zu beurteilen ist § 16 AMOB. Diese Subsidiaritätsklausel berücksichtigt die Tatsache, daß die Montageversicherung als Allgefahrendeckung häufig mit anderen Versicherungen z.B. gegen Feuer konkurriert.[1] Es wäre ein ungleich höherer Verwaltungsaufwand erforderlich, wenn vor dem Abschluß einer Montageversicherung alle bestehenden Versicherungen der Beteiligten auf ihren Deckungsumfang untersucht werden müßten und dann nur für die verbleibenden Risiken die Montagedeckung genommen werden sollte.[2] Zudem entstünde angesichts der häufig schlecht überschaubaren Vielzahl der verschiedenen Versicherungsverhältnisse eine erhebliche Gefahr von Deckungslücken. Diese Probleme werden durch die Subsidiaritätsklausel beseitigt. Dieser Umstand zusammen mit einer pauschalen Prämiensenkung erscheint geeignet, den Verlust des Minderungsrechts aus § 60 VVG aufzufangen.

Einige Bedenken ergeben sich dagegen hinsichtlich der Zulässigkeit des § 9 der Allgemeinen Bedingungen für die Versicherung von Musterkollektionen (AVB Musterkollektionen). Diese Klausel hat folgenden Wortlaut:

Sind die versicherten Gegenstände gegen einzelne Gefahren wie Feuer, Einbruchdiebstahl u.s.w. anderweitig versichert, so gehen diese Versicherungen voran.

---

1) Vgl. Martin Montagevers. § 16 Rz. 1
2) Vgl. Martin Montagevers. § 16 Rz. 1

Es braucht hier nicht darauf eingegangen zu werden, ob die Musterkollektionsversicherung zum Bereich der aufsichtsfreien Transportversicherung gehört. Denn in § 13 dieser Bedingungen werden zum einen die Vorschriften des VVG ausdrücklich für anwendbar erklärt. Zum anderen könnte § 9 AVB Musterkollektionen auch ohne diesen ausdrücklichen Hinweis in § 13 im Rahmen der Inhaltskontrolle an § 60 VVG gemessen werden, da die Zulässigkeit der Inhaltskontrolle unabhängig davon ist, ob eine Klausel der behördlichen Aufsicht unterfällt oder nicht.[1]

Im Falle des § 9 AVB Musterkollektionen ist eine bedeutende Abnahme an Verwaltungsaufwand aufgrund der Subsidiarität wie im Beispiel des § 16 AMOB nicht zu erkennen. Letztlich wird man aber im Hinblick auf eine bei Fehlen der Subsidiaritätsklausel ohnehin nur geringe Minderungsmöglichkeit auch im Fall des § 9 AVB Musterkollektionen eine erhebliche Unangemessenheit verneinen müssen.

Im Massengeschäft mit Privatkunden wird in den meisten Fällen von Doppelversicherung die Voraussetzung der fehlenden Kenntnis i.S.d. § 60 VVG nicht gegeben sein. Der VN schließt alle etwaig konkurrierenden Versicherungen wie z.B. Hausrat-, Reisegepäck- oder Schmuckwarenversicherung [2] in der Regel selbst ab. Versicherungen für fremde Rechnung, bei denen es eher zu ungewollter Doppelversicherung kommen kann, stellen in diesen Versicherungszweigen die Ausnahme dar.

Es sei aber dennoch der Fall erörtert, in dem eine sei-

---

1) Prölss-Martin § 129 Anm. 2 B; Wolf-Horn-Lindacher/ Horn § 23 Rz. 519
2) Die derzeit gültigen Bedingungswerke der genannten Versicherungsarten enthalten ohnehin nur in § 1 Nr. 4 e VHB 84 eine allerdings qualifizierte Subsidiaritätsklausel.

tens eines Arbeitgebers für die Betriebsangehörigen abgeschlossene Gruppenreisegepäckversicherung mit einer Versicherung des Arbeitnehmers zusammentrifft. Eine Subsidiaritätsklausel in einem dieser Verträge wäre gemessen an § 60 VVG unschädlich, weil auch hier aufgrund der geringen und nur vorübergehenden Deckungsüberschneidung eine Minderung oder gar Aufhebung nicht wirtschaftlich sinnvoll zu realisieren wäre.

Zusammenfassend läßt sich feststellen, daß die Beeinträchtigung der Rechte des VN aus § 60 VVG aufgrund von Subsidiaritätsklauseln keine große praktische Bedeutung haben. Sollte die konkrete Prüfung einer Subsidiaritätsklausel weder ein berechtigtes Interesse des Versicherers noch eine sonstige Rechtfertigung wie die Gewährung eines Zusatzversicherungsschutzes zu pauschal verbilligter Prämie oder die Vermeidung eines sonst anfallenden erheblichen Verwaltungsaufwandes, der eine Prämienerhöhung zur Folge hätte, ergeben, und sollte im übrigen die Gefahr bestehen, daß die Aufhebung oder eine erhebliche Minderung wegen einer erheblichen Deckungsüberschneidung durch eine Subsidiaritätsklausel verhindert wird, könnte dies zur Unangemessenheit i.S. v. § 9 II Nr. 1 AGBG führen.

bbb) Aushöhlung des Vertragszwecks (§ 9 II Nr. 2 AGBG)

Durch eine einfache Subsidiaritätsklausel schließt der Versicherer seine Risikotragung nicht grundsätzlich aus. In Fällen, in denen kein anderweitiger Versicherungsvertrag besteht oder keine Entschädigungsleistung erlangt werden kann, ist die volle Eintrittspflicht des Subsidiärversicherers gegeben. Es besteht somit eine grundsätzliche Gewähr dafür, daß der Versicherte den Schaden voll ersetzt erhält, so daß eine Aushöhlung vertragswesentlicher Pflichten oder Rechte nicht festzustellen ist.

Die Möglichkeit der Einbuße jeglichen Versicherungsschutzes besteht nur in einem Fall. Wenn sich der Versicherte nämlich gegenüber dem konkurrierenden Versicherer nach dem Schadenfall durch Erlaß oder Aufhebungsvertrag rechtsgeschäftlich des anderweitigen Versicherungsschutzes begäbe oder der konkurrierende Versicherer aufgrund einer nachträglichen vorsätzlichen Obliegenheitsverletzung leistungsfrei würde, bliebe es bei der zunächst eingetretenen Subsidiarität mit der Folge, daß der Versicherte von keiner Seite eine Entschädigungsleistung erhielte.

Diese Möglichkeit, jeglichen Versicherungsschutz zu verlieren, gefährdet als solche den Vertragszweck nicht erheblich, weil sie ohne eine bewußte Mitwirkung des Versicherten, das heißt ohne willentliche Aufgabe des anderweitigen Versicherungsschutzes nicht eintreten kann. Einfache Subsidiaritätsklauseln sind danach auch unter dem Gesichtspunkt der Vertragsaushöhlung i.S.d. § 9 II Nr. 2 AGBG nicht zu beanstanden.

cc) Angemessenheit qualifizierter Subsidiaritätsklauseln

Qualifizierte Subsidiaritätsklauseln sollen die Ersatzpflicht bereits dann entfallen lassen, wenn ein anderer Versicherungsvertrag für dasselbe Wagnis besteht. Es soll also nicht darauf ankommen, ob der Versicherte aus dem anderen Vertrag im Versicherungsfall auch tatsächlich eine Entschädigung erlangen kann.

aaa) Vermutung der Unangemessenheit nach § 9 II Nr. 1 und 2 AGBG

Qualifizierte Subsidiarität eines von zwei konkurrierenden Versicherungsverträgen kann die für den Versicherten einschneidende Konsequenz des Verlustes jeglichen Versicherungsschutzes zur Folge haben. Und dies im Gegensatz zu einfacher Subsidiarität schon dann, wenn sich der andere Versicherer aufgrund von Prämienverzug, Obliegenheitsverletzung auch vor dem Versicherungsfall, d.h. auch bei leichter Fahrlässigkeit auf Leistungsfreiheit berufen kann. Ohne den anderweitigen Vertrag müßte der Subsidiärversicherer für jeden ersatzpflichtigen Schaden eintreten. Allein aufgrund des Abschlusses eines weiteren Vertrages, mag dieser aufgrund der Leistungsfreiheit des anderen Versicherers auch im Versicherungsfall wirtschaftlich wertlos für den Versicherten sein, soll die Eintrittspflicht des Subsidiärversicherers entfallen. Mit anderen Worten besteht bei qualifizierter Subsidiarität die nicht fernliegende Möglichkeit, daß der Versicherte trotz oder vielmehr aufgrund doppelter Absicherung, für die er doppelte Prämie aufzubringen hat, im Schadenfall überhaupt keine Entschädigungsleistung erhält. Diese mögliche Konsequenz bedeutet eine erhebliche Abweichung von Grundgedanken des § 59 VVG.

Bei bewußter Doppelversicherung muß der VN zwar insofern einen Nachteil in Kauf nehmen, als er zweifach Prämie bezahlt, den Schaden jedoch nur einmal ersetzt erhält. Die Möglichkeit, daß der Versicherte aufgrund der Doppelversicherung sämtlichen Versicherungsschutz verliert, sieht die gesetzliche Regelung indes nur in § 59 III VVG bei betrügerischer Doppelversicherung vor.

Die geschilderte Konsequenz stellt ebenso eine erhebliche Einschränkung der vertragswesentlichen Leistungspflicht des Versicherers dar. Da der Versicherer sich für den Fall, daß überhaupt keine andere Versicherung besteht, zu uneingeschränkter Leistung verpflichtet hat, widerspricht es dem Vertragszweck, die Leistungspflicht entfallen zu lassen, wenn lediglich formal ein weiterer Versicherungsvertrag abgeschlossen wurde, im Schadenfall effektiv aber kein anderweitiger Versicherungsschutz besteht.

Auch wenn der Versicherer aufgrund eines infolge der Subsidiaritätswirkung verringerten Schadenbedarfs eine pauschale Prämiensenkung einkalkuliert, hat er keinen Anspruch darauf, daß der Versicherte sich noch weiteren Versicherungsschutz beschafft. Angesichts dessen muß der Versicherte grundsätzlich darauf vertrauen dürfen, daß er durch eine dennoch zusätzlich genommene Versicherung jedenfalls nicht schlechter steht und zwar unabhängig davon, ob er seine Verpflichtungen gegenüber dem anderen Versicherer erfüllt und somit den anderweitigen Schutz sicherstellt oder nicht.

Qualifizierte Subsidiaritätsklauseln führen zu einer Abweichung von dispositiven gesetzlichen Regeln und sind grundsätzlich auch geeignet, den Vertragszweck zu gefährden. Sie erfüllen somit beide Alternativen des § 9 II AGBG. Fehlt ein berechtigtes Interesse des Versicherers oder liegen im übrigen keine Anhaltspunkte für eine inhaltliche Rechtfertigung wie z.B. eine Regelung, die für die Benachteiligung des VN einen Ausgleich schafft, vor, ist folglich von der Unangemessenheit qualifizierter Subsidiaritätsklauseln auszugehen.

bbb) Ausnahmsweise Angemessenheit qualifizierter Subsidiaritätsklauseln

Man wird aber die Frage stellen müssen, ob eine qualifizierte Subsidiaritätsklausel nicht ausnahmsweise in den Fällen angemessen sein kann, in denen sie an Stelle eines unbedingten Risikoausschlusses zur Vermeidung von Deckungsüberschneidungen eingesetzt wird und so auch den Interessen des Versicherten dient.

In diesem Zusammenhang kommen zunächst die Fälle in Betracht, in denen zum Teil auf freiwilliger Basis zusätzlich subsidiärer Versicherungsschutz für fremde Rechnung gewährt wird. Gedacht ist dabei an das Beispiel der früheren ED-Klausel 23 Nr. 4, die als quali-

fizierte Subsidiaritätsklausel auszulegen ist.[1]
Zugleich ist zu fragen, ob hinsichtlich der geschilderten Deckungen für eingebrachte Gegenstände von Betriebsangehörigen oder Gästen in Beherbergungsbetrieben, die - soweit ersichtlich - in den entsprechenden Klauselwerken ausdrücklich mit einfacher Subsidiarität angeboten werden, auch eine Anordnung qualifizierter Subsidiarität zulässig wäre.
Der Umstand, daß diese Deckungen ihrem wirtschaftlichen Zweck nach nur einen Auffangschutz darstellen sollen, daß also in erster Linie der eigene Versicherungsschutz des mitversicherten Dritten in Anspruch genommen werden soll, kann den Einsatz qualifizierter Subsidiarität nicht rechtfertigen. Dieses Ziel kann auch mit einfacher Subsidiarität erreicht werden.
Aus dem gleichen Grund kommt eine rein pauschale Berücksichtigung der Subsidiarität bei der Prämienkalkulation als Kompensationsgesichtspunkt nicht in Betracht.[2]

Es wird argumentiert, daß im Fall der ED-Klausel 23 Nr. 4 nur durch qualifizierte Subsidiarität eine größtmögliche Prämienersparnis durch Vereinbarung einer niedrigen Versicherungssumme ohne die Gefahr einer Unterversicherung zu erzielen sei.[3]
Dazu ist zu sagen, daß auch durch eine qualifizierte Subsidiaritätsklausel angesichts der ständig wechselnden Werte der fremden eingelagerten Güter und der Unsicherheit, welcher Anteil davon anderweitig versichert ist, weder gewisse Überdeckungen noch die Gefahr zumindest zeitweiser Unterversicherung gänzlich ausgeschlossen werden kann. Der durch qualifizierte Subsidiarität erzielbare Prämienersparniseffekt bei Vermeidung von Unterversicherung kann indes auch durch eine

---

1) Vgl. zur Auslegung S. 98 ff.
2) Vgl. Prölss-Martin § 59 Anm. 6 A b
3) Martin VersR 73, 695

einfache Subsidiaritätsklausel in Verbindung mit einer Versicherung der fremden Interessen auf erstes Risiko erreicht werden, wie schon das Beispiel der früher verwendeten Feuerklausel 4.02 [1], einer Parallelbestimmung zur ED-Klausel 23 Nr. 4, zeigt.[2] Bei häufig wechselnden Versicherungswerten kann also auch das Argument der Vermeidung von Unterversicherung die drohende Gefahr des Verlustes jeglichen Versicherungsschutzes nicht aufwiegen.

Etwas anderes kann indes gelten, wenn der VN die Möglichkeit erhält, aufgrund der Subsidiaritätsklausel bestimmte anderweitig versicherte Gegenstände auf Dauer von der Versicherung auszuschließen, daraufhin die Versicherungssumme zu senken und auf diesem Weg - konkret bezogen auf die ausgeschlossenen Sachen - Prämie zu sparen. In solchen Fällen ist das Interesse des Versicherers anzuerkennen, bezüglich dieser Gegenstände nur unter möglichst stark eingeschränkten Voraussetzungen entschädigungspflichtig zu werden. Die für den VN bestehende Möglichkeit einer konkreten Prämienersparnis stellt zugleich einen Gesichtspunkt dar, der seine Benachteiligung kompensieren könnte.

Die Frage, ob eine qualifizierte Subsidiaritätsklausel mit dieser Ausschlußwirkung im Lichte des § 9 AGBG angemessen ist, stellt sich konkret am Beispiel des § 1 Nr. 4 e VHB 84.

§ 1 Nr. 4 e VHB 84 soll dem VN einer Hausratversicherung, wie schon erläutert, ermöglichen, für den Fall, daß er Schmuck- und Pelzsachen separat versichert hat, die Hausratversicherungssumme um den Wert dieser Wert-

---

1) Abgelöst durch Klausel 1203
2) Vgl. Martin VersR 73, 806; auch die subsidiäre Versicherung des Eigentums von Gästen in Beherbergungsbetrieben nach Kl. 1204 u. 212 sollen z.B. auf erstes Risiko abgeschlossen werden. Vgl. dazu die Hinweise bei Martin SVR Texte 12 bzw. 33.

gegenstände zu senken, ohne dabei im Schadenfall dem Einwand der Unterversicherung ausgesetzt zu sein.
Für denjenigen VN, der die anderweitig versicherten Schmuck- und Pelzsachen bei der Bemessung der Versicherungssumme der Hausratversicherung tatsächlich berücksichtigt hat, führt die Subsidiaritätsklausel zu dem gleichen Ergebnis wie ein unbedingter Ausschluß, der bei einer Inhaltskontrolle keinen Bedenken begegnen würde. Eine eventuelle Leistungsfreiheit des Valorenversicherers ginge den Hausratversicherer nichts an, denn er hätte im Ergebnis den Hausrat ohne die Schmuck- und Pelzsachen gedeckt. Der Generalisierungseffekt von AGB führt aber dazu, daß § 1 Nr. 4 e VHB 84 auch dann eingreift, wenn ein VN im Einzelfall den Wert der Schmuck- und Pelzsachen nicht von der Hausratversicherungssumme in Abzug gebracht hat. Mit anderen Worten besteht bei § 1 Nr. 4 e VHB 84 die oben geschilderte Gefahr, daß der VN bei Leistungsfreiheit des Valorenversicherers überhaupt keine Entschädigung für die Wertgegenstände erhält, obwohl er beiden Versicherern Prämie entrichtet hat.[1]

Im Hinblick auf diese Gefahr könnte die Angemessenheit des § 1 Nr. 4 e VHB 84 an dem aus § 9 AGBG folgenden sogenannten Transparenzgebot [2] scheitern.
Hierbei handelt es sich um einen Grundsatz der Inhaltskontrolle, demzufolge tatbestandliche Voraussetzungen und Rechtsfolgen von Bestimmungen in AGB so deutlich und nachvollziehbar zum Ausdruck kommen müssen, daß der Vertragspartner nicht im Unklaren über Rechte und Pflichten gelassen wird.[3] Zwar muß die Klausel nicht für jede denkbare Fallgestaltung eine ausdrückliche Re-

---

1) Vgl. Martin VersR 73, 694 f.; Dietz § 1 Rz. 6. 6
2) Vgl. statt vieler Ulmer-Brandner-Hensen/Brandner § 9 Rz. 77
3) Vgl. BGH NJW 85, 2253, 2255; 88, 1726; Ulmer-Brandner-Hensen/Brandner § 9 Rz. 77; Wolf-Horn-Lindacher/Wolf § 9 Rz. 143

gelung enthalten, welche nicht auch durch eine Auslegung nach Treu und Glauben zu ermitteln wäre [1], doch sind Klauseln so zu formulieren, daß der durchschnittliche Kunde ihn treffende Pflichten, Lasten und Obliegenheiten bei laienhafter Beurteilung erkennen kann.[2] Gegebenenfalls können sich aus dem Transparenzgebot Hinweispflichten ergeben, wenn AGB Rechtsfolgen an das Verhalten des Vertragspartners knüpfen, deren Kenntnis nach dem Grundsatz von Treu und Glauben nicht vorausgesetzt werden kann.[3] Auch dabei ist hinsichtlich der Verständnismöglichkeit nach typischen Kundenkreisen zu differenzieren.

§ 1 Nr. 4 e VHB 84 ist eine Klausel aus dem Bereich des Massengeschäfts. Der Beurteilungsmaßstab ist folglich das Verständnis eines in Versicherungsbelangen unbewanderten Privatkunden.
Durch die ausdrückliche Bezugnahme auf eine Valorenversicherung in der Subsidiaritätsklausel wird der VN immerhin auf die mögliche Konkurrenz von Hausrat- und Valorenversicherung und eine zumindest vorrangige Haftung des Valorenversicherers als Spezialversicherer aufmerksam gemacht. Dadurch wird allerdings die eingangs der Prüfung erörterte Gefahr einer Fehlinterpretation der Klausel durch den VN nicht beseitigt.

Die Möglichkeit eines Mißverständnisses der Klausel ist auch nicht völlig unwahrscheinlich, da es aus Sicht eines Laien unabhängig von der gewählten Formulierung der Subsidiaritätsklausel sehr wohl schwer verständlich sein kann, daß ein VN von einem Hausratversicherer, dem er Prämie für seinen gesamten Hausrat, also einschließlich Schmuck- und Pelzsachen gezahlt hat, infolge eines zusätzlich erkauften Versicherungsschutzes nicht einmal

---

1) BGH NJW 83, 1491 f.; 85, 480 f.; BGHZ 93, 252, 263
2) Vgl. Wolf-Horn-Lindacher/Wolf § 9 Rz. 143
3) Vgl. Wolf-Horn-Lindacher/Wolf § 9 Rz. 145

dann eine Entschädigung, die ihm ohne die weitere Deckung zugestanden hätte, erhält, wenn der andere Versicherer zum Beispiel aufgrund einer leicht fahrlässig begangenen Obliegenheitsverletzung leistungsfrei ist. Die Möglichkeit, daß der VN, ohne sich der Folgen bewußt zu sein, doppelte Prämie zahlt und im Versicherungsfall dennoch gänzlich ohne Entschädigung ausgeht, wiegt um so schwerer, als sie durch einen entsprechenden Hinweis in der Subsidiaritätsklausel ausgeräumt werden könnte.

Die Abwägung aller Argumente ergibt, daß die Subsidiaritätsklausel in § 1 Nr. 4 e VHB 84 zwar nicht aufgrund ihrer Funktion als Mittel der Risikoabgrenzung zu beanstanden ist, aber ohne einen erläuternden Hinweis auf einen unter Umständen drohenden totalen Verlust des Versicherungsschutzes mißverständlich ist und deshalb in ihrer derzeit gültigen Fassung einer Inhaltskontrolle anhand von § 9 II Nr. 1 und 2 AGBG nicht standhält.

Ebenso wäre jede gleich oder ähnlich lautende qualifizierte Subsidiaritätsklausel in Verträgen des Massengeschäfts mit Rücksicht auf den Verbraucherschutz ohne einen entsprechenden belehrenden Hinweis nach § 9 AGBG unwirksam.

Anders wäre die Wirksamkeit einer solchen Subsidiaritätsklausel, die den Ausschluß bestimmter Gegenstände aus einem versicherten Inbegriff mit konkretem Einfluß auf die Prämie regelt, im Industriegeschäft zu beurteilen. Da in diesem Bereich eine weiterreichende Kenntnis von versicherungsrechtlichen und versicherungstechnischen Erfordernissen vorausgesetzt werden darf, wäre eine derartige qualifizierte Subsidiaritätsklausel auch ohne weiteren Hinweis angemessen.

d) Rechtsfolgen der Unwirksamkeit

In AGB enthaltene Regelungen, die der Inhaltskontrolle nicht standhalten, sind mit ex-tunc-Wirkung nichtig.[1]

Entgegen der in § 139 BGB normierten Regel für die Teilnichtigkeit von Verträgen [2] ist in § 6 I AGBG bestimmt, daß der Vertrag im Falle der Nichtigkeit einzelner Klauseln im übrigen wirksam weiterbestehen soll, es sei denn, ein Festhalten daran würde zu einer unzumutbaren Härte für eine Vertragspartei führen (§ 6 III AGBG). Gemäß § 6 II AGBG tritt an die Stelle der unwirksamen Bestimmung das dispositive Recht.

Für die Fälle unwirksamer qualifizierter Subsidiaritätsklauseln folgt daraus, daß der betreffende Versicherer bei Entfallen der Subsidiarität uneingeschränkt haftet. Bei Hinzutreten einer weiteren Deckung kann Doppelversicherung entstehen, deren Folgen sich dann nach § 59 VVG richten.

Eine Rückführung qualifizierter Subsidiaritätsklauseln auf das zulässige Maß einfacher Subsidiarität ist nicht zu befürworten. Ganz allgemein ist die von einigen [3] geforderte geltungserhaltende Reduktion des Regelungsgehaltes unangemessener Klauseln auf einen kontrollfesten Umfang in Rechtsprechung [4] und auch der herr-

---

1) Vgl. statt vieler Ulmer-Brandner-Hensen/Brandner § 9 Rz. 47
2) Vgl. Ulmer-Brandner-Hensen/Ulmer/H. Schmidt § 6 Rz. 8; Löwe JuS 77, 424
3) MüKo-Kötz § 6 Rz. 8 ff.; Martin VersR 84, 1107, 1115; Capelle/Canaris HandelsR § 24 I 3 e; Hager JuS 85, 267 ff.; vgl. auch Götz NJW 78, 2223, 2227
4) BGH NJW 82, 2309; 83, 1322, 1325; 84, 1177, 2404; 85, 319; BGH ZIP 86, 32; vgl. aber OLG München NJW 81, 1963

schenden Lehre [1] zu Recht überwiegend auf Ablehnung gestoßen. Der geltungserhaltenden Reduktion wird hauptsächlich entgegengehalten, daß sie mit der gesetzgeberischen Zielsetzung des AGBG nicht vereinbar sei.[2] Die Anordnung der Nichtigkeit unangemessener Klauseln verfolge den Zweck, auf die Verwender einen dahinwirkenden Druck auszuüben, von vornherein klare und angemessene Klauseln zu stellen.[3] Dieser Zweck könne nicht erreicht werden, wenn die Verwender im Vertrauen darauf, daß der Richter im Einzelfall jeweils lediglich eine unangemessene Regelungsspitze kappe, sorglos auch übermäßig benachteiligende Bestimmungen einsetzen könnten.[4]

Dem kann ohne weiteres zugestimmt werden. Auch eine ausnahmsweise Zulässigkeit der geltungserhaltenden Reduktion von Versicherungsbedingungen, die mit einer Sonderstellung von Versicherungsverträgen als Dauerschuldverhältnissen, denen ein starres Prinzip des Alles-oder-Nichts nicht gerecht werde, begründet wird [5], ist nicht anzuerkennen. Dagegen spricht entscheidend, daß insbesondere die abstrakte Ware Versicherung, die oftmals erst in AGB konkretisiert wird, ein hohes Maß an Klauseltransparenz erfordert.

Abschließend ist die Frage zu stellen, ob eine Kassation unwirksamer qualifizierter Subsidiaritätsklauseln

---

1) Staud./Schlosser § 6 Rz. 15 ff.; Ulmer-Brandner-Hensen/Ulmer/H. Schmidt § 6 Rz. 20 ff.; Löwe JuS 77, 424; E. Schmidt JA 80, 401 ff.; Knütel JR 81, 222; Soergel/Stein § 6 Rz. 13; Wolf-Horn-Lindacher/Lindacher § 6 Rz. 29 ff.; Erman/Hefermehl § 6 Rz. 8
2) Ulmer-Brandner-Hensen/Ulmer/H. Schmidt § 6 Rz. 20; Soergel/Stein § 6 Rz. 13
3) Ulmer-Brandner-Hensen/Ulmer/H. Schmidt § 6 Rz. 20; Löwe JuS 77, 424; E. Schmidt JA 80, 404
4) Knütel JR 81, 222; Erman/Hefermehl § 6 Rz. 8
5) Martin VersR 84, 1107, 1116

in jedem Fall dem Verbraucherschutz dient oder in Ausnahmefällen auch eine Schlechterstellung des Versicherten zur Folge haben kann.

Grundsätzlich ist die Position des Versicherten bei Unwirksamkeit der Subsidiaritätsklausel besser, denn er kann im Falle der Doppelversicherung beide Versicherer uneingeschränkt in Anspruch nehmen.

Anders ist die Situation hingegen im Beispiel der Subsidiaritätsklausel in § 1 Nr. 4 e VHB 84.
Hätte der VN im Vertrauen auf die Gültigkeit dieser Klausel die Versicherungssumme abzüglich des Werts anderweitig versicherter Schmuck- und Pelzsachen gebildet, drohte ihm bei Unwirksamkeit dieses Ausschlusses Unterversicherung bezüglich seines gesamten Hausrats. In einem Rechtsstreit über die Entschädigungspflicht wäre der Versicherer indes in solch einem Fall gehindert, den Einwand der Unterversicherung geltend zu machen. Denn dies setzte voraus, daß sich der Versicherer selbst auf die Unwirksamkeit seiner Klausel berufen würde.

Dem Verwender ist es jedoch grundsätzlich verwehrt, die Unwirksamkeit einer von ihm selbst gestellten Klausel für sich in Anspruch zu nehmen.[1] Die Berufung auf die Unwirksamkeit der eigenen Klausel stellte einen Fall unzulässiger Rechtsausübung dar.[2]

Folglich kann dem Versicherten aus der Unwirksamkeit qualifizierter Subsidiaritätsklauseln kein Nachteil erwachsen.

---

1) Wolf-Horn-Lindacher/Wolf § 9 Rz. 56; vgl. BT Drucksache 7/3919 S. 23; vgl. BGH NJW 87, 837 f.
2) Vgl. Wolf-Horn-Lindacher/Wolf § 9 Rz. 28

VI. Rechtslage bei einem Zusammentreffen von Subsidiaritätsabreden

Angesichts der Tatsache, daß Subsidiaritätsabreden in vielen Versicherungszweigen Verwendung finden, stellt sich ganz automatisch die Frage nach den Konsequenzen eines Zusammentreffens mehrerer Subsidiaritätsbestimmungen in konkurrierenden Verträgen.

Die Diskussion des Problems kollidierender Subsidiaritätsbestimmungen ist bis an den Anfang dieses Jahrhunderts zurück zu verfolgen und hat in zeitlichen Abständen immer wieder Rechtsprechung und Schrifttum beschäftigt.[1]

Auf Betreiben des Bundesaufsichtsamtes, das gerade auch aufgrund der Möglichkeit einer Kollision mehrerer Subsidiaritätsklauseln Bedenken gegen diese Bestimmungen hat, sind zwar aus den Klauselwerken der Reisegepäckversicherung und der Versicherung von Schmuck und Pelzen im Privatbesitz AVBSP 85 die Subsidiaritätsbestimmungen entfernt worden.

---

1) Basedow S. 70 f.; Blanck NeumZ 1927, 725 f.; VersR 73, 705 f.; Entschädigungsberechnung in der Sachversicherung S. 82 ff.; Flechtheim LZ 1911, Sp. 675 ff, 686; Homann S. 19 ff.; v. Jordan VersR 73, 396 f.; Josef ZVersWiss 1912, 778 ff.; Kisch Mehrfache Versicherung S. 71 Fußn. 7; Knoerrich-Dreger VA 66, 179; Kümmerlein ZHR 98, 1933, 377 ff.; Martin VersR 73, 691 ff.; Prölss-Martin § 59 Anm. 6 B; Martin Montageversicherung § 16 Rz. 2. 4; Möller in Festschr. f. Sieg S. 416 f.; Bruck-Möller/Möller § 59 Anm. 54; Moldenhauer LZ 1909 Sp. 42 ff.; Vogel ZVersWiss 73, 568 ff.; Vollmar VersR 87, 738 f.; Werneburg Ann. d. ges. Versicherungswesens 1918, S. 345 f., 353 f., 361 f., 369 f.; Winter Bedarfsdeckung i. d. Sachvers. S. 43 ff.; Wussow Feuerversicherung § 10 Anm. 8; Wussow WI 1979, 62; Rechtsprechung: RG 18. 2. 1913 Mitt. f. d. öff. Feuerversicherungsanstalten 1913, 288 f.; LG Hamburg Hans RGZ 1942 Teil B Sp. 201 ff.; LG Hamburg VersR 78, 933 ff.

Dennoch hat das Problem insbesondere für die kaufmännischen Versicherungszweige grundsätzlich nichts von seiner Aktualität eingebüßt.

Als praktische Beispiele können das Zusammentreffen der Klauseln für die Spediteurversicherung in der Feuer- und Einbruchdiebstahlversicherung (Kl. 1203 und ED-Kl. 421) mit der Subsidiaritätsklausel in § 2 Nr. 1 e ADB herangezogen werden.[1] Die Kollisionsproblematik wird auch häufig beim Zusammentreffen von Allgefahrenversicherungen wie zum Beispiel mehreren Montagedeckungen oder einer Montageversicherung mit einer Transport- oder Bauleistungsversicherung ausgelöst.[2]

Die vertretenen Lösungswege, die zum Teil ersichtlich nur von dem Bestreben getragen sind, den Versicherten in einer Situation, in der sich mehrere Versicherer wechselseitig auf die Subsidiarität ihrer Ersatzpflicht berufen, nicht schutzlos dastehen zu lassen, sind sehr unterschiedlich. Von einer dogmatischen Bewältigung der Frage kann nicht die Rede sein.

1. Ansichten in Literatur und Rechtsprechung

Weitgehende Einigkeit besteht darüber, daß in Fällen, in denen zwei Versicherungsverträge mit Subsidiaritätsbestimmungen konkurrieren, zu allererst geprüft werden muß, ob die tatbestandlichen Voraussetzungen beider Subsidiaritätsbestimmungen erfüllt sind.[3]

---

1) Vgl. dazu Martin VersR 73, 695
2) Vgl. Martin Montageversicherung § 16 Rz. 2. 4
3) Blanck NeumZ 1927, 725; Kümmerlein ZHR 98, 1933, 380; Martin VersR 73, 694; Bruck-Möller/Möller § 59 Anm. 54; Vogel ZVersWiss 73, 570; Winter Bedarfsdeckung i. d. Sachvers. S. 44; RG Mitt. f. d. öff. Feuerversicherungsanstalten 1913, 288 f.; LG Hamburg Hans RGZ 1942 Teil B Sp. 206

Das Reichsgericht hatte zum Beispiel über folgenden Sachverhalt zu entscheiden: [1]

Die Klägerin, ein Kürschnereibetrieb, hatte einer Färberei Fuchsfelle zur Bearbeitung überlassen. Diese Felle wurden durch ein Feuer in der Färberei vernichtet. Der Versicherungsschutz der Färberei umfaßte auch fremdes Eigentum, soweit für dieses nicht aufgrund einer anderweitigen Versicherung Entschädigung verlangt werden konnte. Daneben bestand eine früher abgeschlossene Deckung der Kürschnerei als Eigentümerin der Felle, in welcher auch Außenversicherung gewährt wurde, "sofern die betreffenden Sachen nicht durch eine anderweit bestehende Versicherung mitversichert gehalten werden."

Das Reichsgericht kam bei der Auslegung der zuletzt genannten Subsidiaritätsbestimmung zu dem Ergebnis, daß diese mangels einer zur Zeit des Vertragsabschlusses bereits bestehenden weiteren Versicherung nicht einschlägig war und verurteilte den Versicherer des Kürschnereibetriebes im Ergebnis [2] zur Zahlung des gesamten Schadenbetrages.[3]

Die eigentliche Streitfrage entsteht somit erst dann, wenn die Voraussetzungen beider Subsidiaritätsabreden erfüllt sind.

---

1) RG Urteil v. 18. 2. 1913 Mitt. f. d. öff. Feuerversicherungsanstalten 1913, 288 f.
2) Der Sachverhalt ist in Teilen vereinfacht wiedergegeben.
3) Vgl. dazu Martin VersR 73, 691, der die Entscheidung dahingehend interpretiert, daß das Reichsgericht die Subsidiaritätswirkung nur gegenüber später abgeschlossenen Versicherungen, die ebenfalls eine Subsidiaritätsbestimmung enthielten, versagen wollte.

a) Gegenseitige Aufhebung

Die wohl herrschende Meinung [1] geht davon aus, daß widerstreitende Subsidiaritätsabreden bei Fehlen einer ausdrücklichen Rangbestimmung mit der Folge aufzuheben seien, daß Doppelversicherung gemäß § 59 VVG bestehe.

Homann hat diese Rechtsfolge mit der Perplexität zweier kollidierender Subsidiaritätsbestimmungen zu begründen versucht.[2] Dabei wurde verkannt, daß der Begriff Perplexität die innere Widersprüchlichkeit einer einheitlichen Erklärung kennzeichnet [3], sich das hier diskutierte Problem jedoch durch die Unvereinbarkeit zweier Erklärungen ergibt. Daneben stützte Homann diese These auf rechtliche und sozialpolitische Erwägungen.[4]

Josef und im Anschluß an ihn Basedow haben die gegenseitige Aufhebung mit dem Argument gefordert, daß die beiderseitige Berufung auf die Subsidiarität nach Treu und Glauben nicht mit dem Vertragszweck vereinbar sei.[5] Die Berufung auf die Subsidiaritätsabrede berechtige den Versicherten, die Einrede der Arglist zu erheben.[6]

An dieser Begründung hat auch das Landgericht Hamburg in der zuletzt zu diesem Problem ergangenen Entscheidung festgehalten.[7] Die Aufhebung beider Subsidiaritätsabreden und Geltung des § 59 VVG stelle zudem die

---

1) Basedow S. 71; Homann S. 19 ff.; v. Jordan VersR 73, 396 f.; Josef ZVersWiss 1912, 784; Kisch Mehrfache Versicherung S. 71, Fußn. 7; Möller in Festschr. f. Sieg S. 417; LG Hamburg Hans RGZ 1942 Teil B Sp. 207 LG Hamburg VersR 78, 935
2) Homann S. 19
3) Medicus Bürgerliches Recht, 14. Aufl. Rz. 155
4) Homann S. 21
5) Josef ZVersWiss 1912, 784; Basedow S. 71
6) Josef ZVersWiss 1912, 784
7) Vgl. VersR 78, 933 ff.

einfachste und klarste Lösung dar [1]. Dafür spreche schließlich auch, daß beide Versicherer volle Deckung vereinbart hätten.[2]

Gegen diese Auffassung wird der Einwand erhoben, daß sie den Vertragswillen zu sehr vernachlässige. Die Existenz der Subsidiaritätsabreden mache deutlich, daß gerade keine Doppelversicherung gewollt sei.[3] Weiter spreche gegen diese Lösung, daß sie die Versicherer einseitig benachteilige. Der Versicherte käme in den Genuß der gesamtschuldnerischen Haftung, obwohl er eine pauschal geringere Prämie gezahlt habe.[4] Bedenken ergäben sich zudem deshalb, weil diese Auffassung dogmatisch nicht begründet werde, sondern nur dem Gesichtspunkt der Billigkeit Rechnung trüge.[5] Insbesondere sei zu beanstanden, daß von einigen Autoren die Unwirksamkeit einer Subsidiaritätsbestimmung aus dem konkurrierenden Vertrag hergeleitet werde. Dies werde daran sichtbar, daß die Subsidiaritätsabrede wieder wirksam wäre, wenn die Subsidiaritätsbestimmung in dem konkurrierenden Vertrag entfiele.[6]

Festzuhalten bleibt zunächst, daß die herrschende Auffassung dadurch, daß sie die Versicherer gesamtschuldnerisch haften läßt, einerseits einen weitreichenden Kundenschutz gewährleistet und andererseits eine - oberflächlich betrachtet - gerechte Lastenverteilung zwischen den beteiligten Versicherern herbeiführt.

---

1) LG Hamburg VersR 78, 935; Möller in Festschr. f. Sieg S. 417
2) LG Hamburg VersR 78, 935
3) Moldenhauer LZ 1909 Sp. 46; Vogel ZVersWiss 73, 574; Winter Bedarfsdeckung i. d. Sachvers. S. 45
4) Kümmerlein ZHR 98, 1933, 388; Vogel ZVersWiss 73, 575
5) Blanck VersR 73, 705 f.; Martin VersR 73, 693
6) Blanck NeumZ 1927, 725; Vogel ZVersWiss 73, 574 f.; Winter Bedarfsdeckung i. d. Sachvers. S. 45

Eine schlichte gegenseitige Aufhebung unter dem Gesichtspunkt von Treu und Glauben im Sinne von § 242 BGB, die einen erheblichen Eingriff in die Vertragsautonomie der Beteiligten bedeutet, sollte aber immer nur die ultima ratio darstellen.

b) Pro-rata-Haftung

Eine andere Ansicht, die auf Ausführungen Blancks zurückgeht, befürwortet eine anteilige Haftung der Versicherer im Außenverhältnis zum Versicherten.[1]

Diese Ansicht vermeidet die vollständige Verwerfung der Subsidiaritätsbestimmungen und versucht, die Rechtsfolgen einer Kollision aus dem Inhalt der Bestimmungen zu entwickeln.[2]
Eine Auslegung der Subsidiaritätsabreden führe zu dem Ergebnis, daß der Versicherer grundsätzlich sehr wohl haften wolle, aber nicht auf das Ganze.[3] Die Subsidiaritätsbestimmung solle das Eintreten der Doppelversicherung verhindern. Ein Subsidiärversicherer wolle also mit anderen Worten nur den ungedeckten Teil des Schadens übernehmen. Auch mehrere konkurrierende Subsidiärversicherer wollten zusammen einen Schaden nicht überdecken.[4] Es sei daher von einer beabsichtigten anteiligen Haftung nach dem Verhältnis der Versicherungssummen auszugehen.
Die Subsidiärversicherung enthalte ein Leistungsversprechen, daß durch das Hinzutreten einer weiteren Subsidiärversicherung modifiziert werden könne, weil die

---

1) Grundlegend: Blanck NeumZ 1927, 725 f.; ferner VersR 73, 705 f. und Entschädigungsberechnung i. d. Sachversicherung S. 82 ff.; Kümmerlein ZHR 98, 1933, 390; so auch für gleichrangige Subsidiaritätsabreden Vogel ZVersWiss 73, 578; Winter Bedarfsdeckung i. d. Sachvers. S. 46
2) Vgl. Winter a.a.O. S. 45
3) Blanck NeumZ 1927, 725 f.
4) Blanck VersR 73, 705 f.

Wirkungen einer Subsidiaritätsabrede erst durch die Bezugnahme auf eine andere Versicherung zu Tage träten.[1] Das Leistungsversprechen könne aber niemals durch eine weitere Subsidiaritätsabrede vergrößert werden. Eben diese Folge träte jedoch bei einer Streichung der Subsidiaritätsbestimmung ein.[2] Es wird weiter argumentiert, daß der VN gegen eine Prämiensenkung auf die gesamtschuldnerische Haftung verzichtet habe.[3] Die Anteilshaftung gewähre einen vergleichbaren Kundenschutz, vermeide dabei aber die oben geschilderten Nachteile der herrschenden Auffassung.[4]
Die anteilige Außenhaftung habe allerdings für den Versicherten die gegenüber der Regelung des § 59 VVG nachteilige Folge, daß er die jeweiligen Haftungsbeträge selbst feststellen und beide Versicherer nebenander in Anspruch nehmen müsse.[5]

Die pro-rata-Haftung wird überwiegend abgelehnt.[6]

Die Annahme einer anteiligen Haftung im Außenverhältnis als Ergebnis einer Auslegung der Subsidiaritätsbestimmungen sei nicht haltbar. Eine derartige Auslegung finde im Wortlaut der Subsidiaritätsabreden keine Stütze.[7]
Subsidiaritätsabreden sollten gerade keine anteilsmäßige Haftung ermöglichen, sondern stets die Vollhaftung regeln.[8] Eine beabsichtigte Anteilshaftung bedürfe daher einer ausdrücklichen Regelung.[9]

---

1) Vgl. Blanck NeumZ 1927, 725
2) Blanck VersR 73, 705 f.
3) Vogel ZVersWiss 73, 578; Winter Bedarfsdeckung i. d. Sachvers. S. 46
4) Blanck NeumZ 1927, 726
5) Dies wird von Vogel selbst eingeräumt; vgl. a.a.O. S. 578 f.
6) Prölss-Martin § 59 Anm. 6 B c; Bruck-Möller/Möller § 59 Anm. 54; LG Hamburg VersR 78, 934
7) Möller in Festschr. f. Sieg S. 417
8) LG Hamburg VersR 78, 934
9) LG Hamburg VersR 78, 934

Eine am Wortlaut orientierte Argumentation erscheint in diesem Zusammenhang wenig hilfreich. Auch das Ergebnis der herrschenden Auffassung, die Aufhebung der Subsidiaritätsabreden im Falle eines Zusammentreffens, läßt sich jedenfalls aus der Formulierung dieser Bestimmungen nicht herleiten.

Auch die geäußerten inhaltlichen Bedenken, die darin bestehen, daß mit Subsidiaritätsabreden nur eine Vollhaftung, aber keine anteilige Haftung geregelt werden solle, ist nicht stichhaltig. Der Subsidiärversicherer will nämlich auch insoweit ersatzpflichtig sein, als der andere Versicherer - ohne Subsidiärhaftung - aufgrund von Unterversicherung oder eines Selbstbehaltes teilweise leistungsfrei bleibt.

Zweifel ergeben sich indes an der Richtigkeit einer der Grundaussagen der Vertreter der pro-rata-Haftung.
Im Falle einer individuell vereinbarten Subsidiaritätsabrede wird man davon ausgehen können, daß der VN gegen einen entsprechenden Prämiennachlaß auf den Vorteil der gesamtschuldnerischen Haftung der Versicherer verzichtet.
Bezogen auf vorformulierte Subsidiaritätsklauseln entspricht diese Annahme dagegen nicht der Realität. Der VN hat in diesen Fällen als Alternative zur subsidiären Versicherung nur die Möglichkeit, ganz vom Abschluß des Versicherungsvertrages abzusehen. Zudem ist es aus Sicht des VN jedenfalls nicht nachprüfbar, ob die Prämie tatsächlich pauschal gesenkt wurde. Im Hinblick auf den in der Praxis relevanteren Bereich der Subsidiaritätsklauseln kann somit von einem bewußten Verzicht des VN nicht die Rede sein.

Zudem müssen sich die Vertreter der Anteilshaftung den Vorwurf gefallen lassen, daß sie eine vollständige logische Begründung ihrer Annahme schuldig geblieben sind.

Nach einhelliger Ansicht soll eine Subsidiaritätsbestimmung Doppelversicherung verhindern. An diesem Ergebnis soll sich - jede Subsidiaritätsbestimmung für sich betrachtet - auch dann nichts ändern, wenn mehrere solche Bestimmungen zusammentreffen. Richtig ist auch die Annahme, daß derjenige Versicherer, der sich (einfache) Subsidiarität ausbedungen hat, nur den anderweitig nicht gedeckten Schadenteil übernehmen will.

Für beide Versicherer stellt sich der gesamte Schaden aufgrund der jeweils gegenüberstehenden Subsidiaritätsbestimmung als ungedeckt dar. Danach müßten beide Versicherer haften. Dies soll mit Hilfe der Subsidiaritätsbestimmungen aber gerade vermieden werden. Der hierin liegende Widerspruch wird durch die Annahme anteiliger Haftung nicht aufgelöst, sondern in der Argumentation schlicht übersprungen. Die Annahme anteiliger Haftung im Außenverhältnis ist somit nicht das Ergebnis einer folgerichtigen Auslegung, sondern stellt sich ebenfalls als ein nachträglich eingesetztes Korrektiv heraus, welches sich an der Billigkeit nach dem Grundsatz von Treu und Glauben und bezüglich der Haftungsanteile an der Regelung des § 59 I VVG orientiert.

c) Vorrang einer Subsidiaritätsabrede

Ein anderer Ansatz zur Bewältigung des Problems konkurrierender Subsidiaritätsabreden besteht in der Prüfung eines etwaig vorhandenen Rangverhältnisses zwischen den Bestimmungen, welches zur Folge hätte, daß einer der Subsidiärversicherer den Schaden allein übernehmen müßte. So wurde bereits im älteren Schrifttum die Frage aufgeworfen, ob eine der Bestimmungen ihrem Inhalt oder der Interessenlage der Beteiligten nach eine stärkere Subsidiaritätswirkung entfalte und daher die andere Subsidiaritätsabrede nicht zum Tragen kommen lasse.

Die Überlegungen, die diesbezüglich angestellt wurden,

lassen sich an einem Beispielsfall verdeutlichen, der zuerst von Moldenhauer [1] diskutiert und dann mehrfach in der Literatur wieder aufgegriffen wurde.

Der Eigentümer eines Pkw genießt im Rahmen seiner Kaskoversicherung auch Außenversicherungsschutz. Dieser besteht insbesondere auch dann, wenn der Wagen in fremden Garagen zum Beispiel zur Reparatur untergestellt ist. Der Außenversicherungsschutz wird allerdings nur subsidiär gewährt.
Der Garagenbesitzer, bei dem das Auto untergestellt ist, hat seinerseits eine Versicherung für eigene und fremde Fahrzeuge abgeschlossen. Diese Versicherung enthält ebenfalls eine Einschränkung, daß der Versicherungsschutz sich nämlich nur auf anderweitig nicht versicherte Wagen bezieht.
Nachdem das Fahrzeug bei einem Brand in der Garage beschädigt worden ist, stellt sich die Frage nach der Eintrittspflicht der Versicherer.

Moldenhauer ist im Wege einer Auslegung zu dem Ergebnis gekommen, daß der Kfz-Versicherer grundsätzlich überall Versicherungsschutz gewähren wolle, die Deckung des Garagenbesitzers hinsichtlich fremder Fahrzeuge dagegen nur eine Not- oder Ergänzungsversicherung sei.[2] Die Subsidiaritätsvereinbarung in der Police des Garagenbesitzers sei höherrangig. Der Kfz-Versicherere müsse den Schaden allein tragen.

Gegen diese Auffassung hat sich Flechtheim gewandt.[3] Die beiden Verträge seien getrennt auf ihren objektiv erkennbaren Zweck und die Interessenlage der jeweils Beteiligten hin zu überprüfen. Die Feststellung eines gemeinschaftlichen Vertragswillens sei in diesem Fall

---

1) Moldenhauer LZ 1909 Sp. 42 ff.; vgl. dazu oben S. 53
2) Vgl. Moldenhauer a.a.O. Sp. 46
3) Flechtheim LZ 1911 Sp. 675 ff.

nicht möglich.[1] Im Ergebnis hafte danach der Versicherer des Garagenbesitzers, weil er die örtlichen Risikoverhältnisse der Garage besser beurteilen könne. Die Außenversicherung stelle für den Kfz-Versicherer indes eine Ausnahme dar.[2]

Auch im modernen Schrifttum [3] wird vertreten, daß sich beim Zusammentreffen von Subsidiaritätsabreden aufgrund der Formulierung oder der Interessenlage die alleinige Haftung eines Versicherers als Rechtsfolge ergeben könne.
Martin führt dazu aus, daß es logisch nicht unmöglich und rechtlich auch zulässig sei, eine Subsidiaritätsabrede so zu gestalten, daß die Existenz eines weiteren Versicherungsvertrages den Versicherungsschutz aus dem ersten Vertrag auch dann entfallen lasse, wenn aus dem anderen Versicherungsvertrag aufgrund einer Subsidiaritätsabrede die Leistung verweigert werde. Eine solche Regelung müsse aber ausdrücklich getroffen werden.[4]

Abgesehen von solch einer speziell formulierten Abrede sei in Fällen, in denen eine qualifizierte und eine einfache Subsidiaritätsabrede zusammenträfen, von dem Vorrang der qualifizierten und daher von einer alleinigen Haftung des einfach subsidiär haftenden Versicherers auszugehen.[5]

Die Haftung des Versicherers, der sich qualifizierte Subsidiarität ausbedungen habe, entfalle bereits durch

---

1) Flechtheim a.a.O. Sp. 686; vgl. auch Kümmerlein ZHR 98, 1933, S. 383
2) Flechtheim a.a.O. Sp. 687; anders, wenn der Garagenbesitzer den Schaden zu vertreten habe; vgl. oben S. 57; dagegen Moldenhauer LZ 1911, Sp. 689
3) Martin VersR 73, 691 ff.; Vogel ZVersWiss 73, 570 ff.
4) Martin VersR 73, 693
5) Martin VersR 73, 696; so auch Vogel ZVersWiss 73, 572

das Bestehen des weiteren Vertrages. Da der Versicherte aus dem qualifiziert subsidiären Vertrag unter keinen Umständen eine Leistung erhalten könne, seien die Voraussetzungen für das Eintreten der einfachen Subsidiarität nicht erfüllt. Der Versicherer der einfach subsidiären Deckung müsse folglich den anderweitig nicht gedeckten Schaden tragen.[1)]

Einen praktisch bedeutsamen Beispielsfall für das Zusammentreffen einer qualifizierten mit einer einfachen Subsidiaritätsabrede bilde die Kollision der ED-Klausel 23 Nr. 4 mit der Subsidiaritätsbestimmung in § 2 Nr. 1 e ADB.[2)]

Über diesen Vorrang aufgrund inhaltlich verschiedener Ausgestaltung hinaus geht Martin auch bei inhaltlich gleichen Subsidiaritätsbestimmungen grundsätzlich von einem Vorrangprinzip [3)] aus und zwar von einem zeitlich orientierten.

Bei einer Kollision einfacher Subsidiaritätsabreden setze sich stets die jüngere Subsidiaritätsbestimmung durch, so daß allein der Versicherer des früher abgeschlossenen Vertrages Entschädigung zu leisten habe.[4)]

Für den Fall, daß sich nicht feststellen läßt, welche

---

1) Martin VersR 73, 694
2) Martin VersR 73, 695; Vogel ZVersWiss 73, 572
3) Anders bei einem Zusammentreffen zweier qualifizierter Subsidiaritätsabreden. In diesem wohl nur theoretisch denkbaren Fall erhalte der Versicherte von keiner Seite eine Entschädigungsleistung, obwohl zwei Versicherungsverträge bestünden; vgl. Martin VersR 73, 699
4) Martin VersR 73, 698 f. u. a. unter Berufung auf eine Entscheidung des RG in Mitt. f.d. öff. Versicherung 1913, 288 f. vgl. dazu oben S. 151; Prölss-Martin § 59 Anm. 6 B c; so auch: Vollmar VersR 87, 738; Wussow WI 79, 62

von beiden einfachen Subsidiaritätsabreden die jüngere ist, schließt sich Martin den Befürwortern der pro-rata-Haftung an.[1]

Der Ausgangspunkt für die These, daß sich grundsätzlich die jüngere Subsidiaritätsabrede gegenüber der älteren durchsetzt, ist folgender: [2]

Solange nur ein Vertrag abgeschlossen sei, hafte der Versicherer auch mit einer Subsidiaritätsabrede allein und uneingeschränkt.
Die Vertragsfreiheit gestatte nun den Parteien eines zweiten Vertrages, die Voraussetzungen und den Umfang des zwischen ihnen vereinbarten Versicherungsschutzes von vornherein so zu beschränken, daß die Ersatzpflicht des ersten Versicherers in unverändertem Zustand weiterbestehe.
Eine wirtschaftliche Betrachtungsweise ergebe, daß der VN und der Versicherer des zweiten Vertrages diese rechtliche Möglichkeit auch ausschöpfen wollten. Das Motiv des VN für die angestrebte Entlastung des Versicherers aufgrund der Subsidiarität bestünde in der Aussicht auf einen Prämienvorteil. Der Versicherer des früher abgeschlossenen Vertrages käme allein durch die Aufnahme einer Subsidiaritätsbestimmung in den Vertrag noch nicht in den Genuß einer Entlastung, denn für ihn stelle der Abschluß einer weiteren Deckung nur eine vage Hoffnung dar.
Anders sei die Situation des anderen Versicherers. Der VN könne ihn nämlich bei Abschluß des zweiten Vertrages auf die Existenz des ersten Vertrages und dessen Subsidiarität hinweisen. Daraufhin könne der Deckungsumfang so zugeschnitten werden, daß eine Überschneidung mit

---

1) Martin VersR 73, 699
2) Vgl. Martin VersR 73, 697 f.

dem ersten Vertrag ausgeschlossen sei.

Der erzielbare Prämienvorteil sei nur gerechtfertigt, wenn der zweite Versicherer tatsächlich bezüglich der Haftung entlastet würde, also auch keinen Ausgleich nach § 59 II VVG schulde. Das Interesse des VN an einer vorteilhaften Prämienkalkulation streite daher für einen Vorrang der zeitlich späteren Subsidiaritätsabrede.[1]
Dabei komme es entscheidend darauf an, ob die Möglichkeit der Prämienersparnis bestünde, nicht aber darauf, ob der Versicherer die Prämie auch tatsächlich senke.[2]

Desweiteren werde das Ergebnis auch von dem in § 60 VVG enthaltenen Grundgedanken getragen.
Nach Aufhebung beider Subsidiaritätsabreden, wie sie von der herrschenden Meinung betrieben werde, bestünde Doppelversicherung. Also könnte der VN nach § 60 VVG vom Versicherer des später abgeschlossenen Vertrages eine Reduzierung von Versicherungsumfang und Prämie verlangen. Dieselbe Reduktion würde auch dann erreicht, wenn ein Vorrang der jüngeren Subsidiaritätsabrede angenommen würde. Das Ergebnis, welches ohnehin vom VN aufgrund der Regelung des § 60 VVG erreicht werden könnte, dürfe man auch konsequenterweise als Ergebnis der Auslegung der Subsidiaritätsabrede annehmen.[3]

Vollmar, die sich dem Prämienargument angeschlossen hat [4], hat weiter dazu ausgeführt, daß der Versicherer des früheren Vertrages kein schützenswertes Interesse an dem Abschluß einer weiteren Deckung habe. Demnach bestünde auch kein Anspruch darauf, daß der VN eine

---

1) Martin VersR 73, 698
2) Prölss-Martin § 59 Anm. 6 B c
3) Martin VersR 73, 698
4) Vgl. Vollmar VersR 87, 738; so auch Wussow WI 79, 62

Deckung ohne Vorbehalt in Gestalt einer Subsidiaritätsabrede nehme.

Auch stünde der Prioritätsgrundsatz aus § 60 VVG diesem Ergebnis nicht entgegen. Zwar könne der Rechtsgedanke des § 60 VVG Anlaß dazu geben, nur den Versicherer des jüngeren Vertrages mit dem Schaden zu belasten, weil er sich anders als der erste Versicherer hätte vergewissern können, ob bereits eine andere subsidiäre Deckung bestand.

Aber zum einen sei § 60 VVG nur dann anzuwenden, wenn eine Doppelversicherung vorliege. Die Fragestellung laute hier indes gerade, ob überhaupt Doppelversicherung entstünde.

Zum anderen werde der Prioritätsgrundsatz des § 60 VVG durch die Freiheit der Parteien des späteren Vertrages überwunden, den Deckungsumfang der zweiten Versicherung so zu bestimmen, daß die tatbestandlichen Voraussetzungen der älteren Subsidiaritätsabrede nicht erfüllt würden.[1]

Diese zuerst von Martin [2] vorgeschlagene Konzeption ist auf lebhafte Kritik gestoßen.

Ihr wird zunächst vorgeworfen, daß ihre argumentative Grundlage, nämlich die unterschiedliche Auslegung der beiden Subsidiaritätsabreden gewissermaßen eine Fiktion darstelle.
Martin negiere den Sinn der ersten Subsidiaritätsabrede, wenn er im Hinblick auf die Haftung des ersten Versicherers auf den Zeitpunkt des ersten Vertragsabschlusses abstelle.[3]

---

1) Vollmar a.a.O. S. 738
2) Vgl. Prölss-Martin 18. Auflage § 59 Anm. 6
3) v. Jordan VersR 73, 396

Selbstverständlich hafte der erste Versicherer ohne eine weitere Versicherung uneingeschränkt. Man müsse aber die Frage stellen, inwieweit die erste Versicherung bestünde.[1] Die Deckung solle nur soweit reichen, wie der Schaden nicht anderweitig versichert sei. Die Betrachtung müsse sich also auf den Zeitpunkt des Versicherungsfalles beziehen.[2]

Dies werde insbesondere deutlich, wenn man den Blick auf die Konkurrenz einer Subsidiärversicherung mit einer später abgeschlossenen Deckung, die keine Subsidiaritätsbestimmung enthalte, richte. In einem solchen Fall würde das Eingreifen der Subsidiarität auch nicht mit dem Argument verneint werden, die die Subsidiarität auslösende zweite Versicherung habe bei Abschluß der Subsidiärversicherung noch nicht bestanden.[3]

Die Auslegung der älteren Subsidiaritätsabrede ergebe, daß auch der erste Versicherer nur subsidiär haften wolle, wenn im Zeitpunkt des Versicherungsfalles eine weitere gegebenenfalls auch subsidiäre Versicherung bestünde.[4]

Maßgeblich für derartige Subsidiaritätsbestimmungen sei eine anderweitige Entschädigungsmöglichkeit schlechthin.[5]
Dies treffe für die Erst- wie für die Zweitversicherung zu. Bei gleichem Inhalt der Abreden, sehe man von geringfügigen Abweichungen in der Formulierung einmal ab, seien die Subsidiaritätsbestimmungen in Erst- und Zweitversicherung deshalb identisch auszulegen.[6]
Sonst käme der Subsidiaritätsbestimmung im ersten Ver-

---

1) v. Jordan VersR 73, 396
2) v. Jordan a.a.O.
3) Vgl. v. Jordan a.a.O.
4) v. Jordan a.a.O.
5) LG Hamburg VersR 78, 934
6) LG Hamburg a.a.O.

trag trotz inhaltlicher Übereinstimmung mit der Subsidiaritätsabrede im späteren Vertrag nie eine Bedeutung zu, denn den Erstversicherer treffe ja immer eine alleinige Vollhaftung.[1]

Der Grund für diese Fiktion, so wird weiter kritisiert, liege darin, daß die Bedeutung der Kenntnis und des Vertragswillens der Parteien des zweiten Vertrages bezogen auf die Existenz der ersten Deckung und eine darauf abgestimmte Prämienreduzierung überschätzt werde.[2]
Bei der Annahme, daß die Beteiligten bei Abschluß des zweiten Vertrages einen eventuell bestehenden anderen Vertrag und eine Entlastung des Versicherers berücksichtigten, würde der oft typische Geschehensablauf beim Vertragsabschluß verkannt.[3]
In vielen Fällen, zum Beispiel bei einem Zusammentreffen von Eigen- und Fremdversicherung, hätten die Vertragsparteien nicht einmal Kenntnis von einer konkurrierenden Deckung.[4] Jedenfalls in solchen Fällen könnte der anderweitige Versicherungsschutz keinen Einfluß auf die Prämienkalkulation des zweiten Versicherers haben.[5]

Der Wille des Zweitversicherers, daß auch eine subsidiäre Ersthaftung die Zweithaftung ausschließen solle, müsse ausdrücklich hervorgehoben werden.[6]

Die Prioritätslösung leide ferner unter ihrer Zufallsabhängigkeit.[7] Allein die zeitliche Reihenfolge könne kein taugliches Merkmal für die Verteilung der Scha-

---

1) LG Hamburg VersR 78, 934
2) LG Hamburg a.a.O.
3) Vgl. LG Hamburg a.a.O.
4) LG Hamburg a.a.O.; Vogel ZVersWiss 73, 576
5) Vogel a.a.O.
6) LG Hamburg a.a.O.
7) LG Hamburg a.a.O.; Vogel ZVersWiss 73, 577

denbelastung darstellen.

Zudem führe die Auffassung Martins zu einer ungerechtfertigten Belastung des ersten Versicherers.[1] Auch der erste Versicherer strebe durch die Verwendung einer Subsidiaritätsbestimmung eine Entlastung an und wolle jedenfalls nicht schlechter stehen als im Falle der Doppelversicherung [2], in dem er einen Ausgleichsanspruch aus § 59 II VVG habe.

Schließlich habe diese Auffassung im Versicherungsfall erhebliche praktische Nachteile für den VN zur Folge.[3] Der VN trage das Risiko, zuerst den falschen Versicherer eventuell auch gerichtlich in Anspruch zu nehmen.[4] In manchen Fällen könne die Feststellung sehr schwierig sein, wessen Subsidiaritätsabrede die jüngere und deshalb vorrangig sei. Probleme könnten sich insbesondere bei der Konkurrenz laufender Versicherungen und Generalpolicen mit Einzelanmeldung ergeben, bei denen die Subsidiaritätsabreden gerade verbreitet seien.[5]

Die Prioritätslösung sei schon aufgrund der sich aus ihr ergebenden möglicherweise erheblichen Unsicherheiten und Verzögerungen bei der Schadenabwicklung für den VN unzumutbar.[6]

Martin räumt selbst ein, daß es in Einzelfällen zu den geschilderten für den VN nachteiligen Folgen kommen könne. Diese Schwierigkeiten dürften aber nicht dazu führen, daß die Lösung des Problems am Vertragswillen der Beteiligten vorbei gesucht würde.[7]

---

1) Vogel ZVersWiss 73, 577; Möller in Festschr. f. Sieg S. 417
2) Möller in Festschr. f. Sieg S. 417
3) v. Jordan VersR 73, 396
4) Vogel ZVersWiss 73, 577
5) v. Jordan VersR 73, 396
6) v. Jordan a.a.O.
7) Vgl. Martin VersR 73, 698

2. Eigene Stellungnahme

Im Falle eines Zusammentreffens zweier vertraglicher Subsidiaritätsbestimmungen ist zuerst zu prüfen, ob der Tatbestand beider Abreden für sich genommen erfüllt ist. Dabei sollen also zunächst die Rechtswirkungen, die von den Subsidiaritätsbestimmungen selbst aufeinander ausgehen, unberücksichtigt bleiben. Hier handelt es sich genau betrachtet noch nicht um die Frage des Vorranges einer Abrede.[1)]

Eine Subsidiaritätsabrede kann wie in einem vom OLG Düsseldorf entschiedenen Fall [2)] zum Beispiel deshalb nicht eingreifen, weil mangels Identität des durch die andere Versicherung versicherten Interesses ohnehin keine Doppelversicherung bestünde.

In dem zitierten Fall trafen eine KVO Versicherung, die das Haftpflichtinteresse [3)] eines Beförderungsunternehmers deckte, und eine vom Ladungseigentümer ausschließlich für eigenes Interesse genommene Transportversicherung zusammen.

In diesem Zusammenhang sind auch die Fälle zu erwähnen, in denen sich der Versicherer einer Kundenversicherung nicht auf die Subsidiarität seiner Deckung berufen kann, weil sein VN den Schaden als Obhutspflichtiger für die versicherte Sache zu vertreten hat.[4)]

An den tatbestandlichen Voraussetzungen für das Ein-

---

1) So aber Vogel ZVersWiss 73, 570
2) Urteil v. 18. 10. 1960 VersR 61, 114 f.
3) Vgl. auch BGH VersR 62, 129; 67, 153 f.; vgl. Martin VersR 74, 826, demzufolge die KVO Versicherung zwar nicht nur ein Haftpflichtinteresse, aber jedenfalls nur eigenes Interesse des Beförderungsunternehmers deckt.
4) Vgl. oben S. 61

greifen der Subsidiarität kann es aber auch dann fehlen, wenn eine Subsidiärversicherung, die zum Beispiel erkennbar nur hinter Spezial- oder Fremdversicherungen zurücktreten soll, mit einer vom VN selbst abgeschlossenen Allgefahrendeckung konkurriert [1]

a) Vorrang einer der Subsidiaritätsabreden

Sodann ist festzustellen, ob zwischen den Subsidiaritätsabreden ein Rangverhältnis besteht, welches zur Folge haben könnte, daß ein Versicherer allein mit dem Schaden belastet wäre.

aa) Zusammentreffen von qualifizierter und einfacher Subsidiaritätsabrede

Ein logischer Vorrang ergibt sich ohne weiteres bei der Konkurrenz einer qualifizierten mit einer einfachen Subsidiaritätsbestimmung.

Der qualifiziert subsidiär haftende Versicherer schließt seine Ersatzpflicht bereits für den Fall aus, daß nur ein anderer Vertrag besteht. Tritt eine einfach subsidiäre weitere Versicherung hinzu, kann aus der qualifiziert subsidiären Deckung unter keinen Umständen eine Entschädigung erlangt werden. Damit ist zugleich die Voraussetzung für die Ersatzpflicht des einfach subsidiär haftenden Versicherers erfüllt, der jedenfalls dann zahlen will, wenn keine andere Versicherungsleistung beansprucht werden kann.

Die qualifizierte Subsidiaritätsabrede setzt sich also in jedem Fall gegenüber einer konkurrierenden einfachen mit der Folge durch, daß der Versicherer, der sich ein-

---

1) Vgl. Vogel ZVersWiss 73, 570

fache Subsidiarität ausbedungen hat, den Schaden allein zu tragen hat. Ihm steht auch kein Ausgleichsanspruch aus § 59 II VVG gegen den qualifiziert subsidiär haftenden Versicherer zu.

bb) Vorrang aufgrund des Wortlauts

Es ist möglich, eine im übrigen einfache Subsidiaritätsabrede so zu formulieren, daß die Haftung auch dann entfällt, wenn der anderweitige Versicherer nur aufgrund einer seinerseits verwendeten Subsidiaritätsbestimmung keine Entschädigungsleistung erbringen will.[1]

Eine Bestimmung, die eine vorrangige Subsidiarität erzeugen soll, könnte zum Beispiel folgenden Wortlaut haben:

Der Versicherer dieses Vertrages leistet keine Entschädigung, soweit für den Schaden eine Leistung aus einem anderen Versicherungsvertrag erlangt werden kann.

Eine Entschädigungspflicht tritt nicht dadurch ein, daß der anderweitige Versicherer seinerseits auch nur subsidiären Versicherungsschutz gewährt.

Eine konkurrierende qualifizierte Subsidiaritätsabrede könnte damit allerdings ihrer Wirkung nicht enthoben werden, denn in ihr wird schlicht auf das Bestehen eines anderen Versicherungsvertrages als subsidiaritätsauslösendes Moment abgestellt. Ebenso würde die Wirksamkeit einer konkurrierenden Subsidiaritätsbestimmung gleichen Inhalts unberührt bleiben.

In Gestalt einer vorformulierten Klausel wäre eine

---

1) Diese vertragliche Gestaltung ist nicht mit qualifizierter Subsidiarität im oben erläuterten Sinne zu verwechseln. Vgl. dazu S. 72 f.

derartige Subsidiaritätsbestimmung, die einen Vorrang anstrebt, nicht zulässig, denn sie würde - gemessen an § 9 AGBG - in Teilen den gleichen Bedenken begegnen, wie eine qualifizierte Subsidiaritätsklausel. Auch bei dieser Klausel besteht nämlich immerhin die Gefahr, daß der VN infolge eines zusätzlich erkauften Versicherungsschutzes im Schadenfall gänzlich leer ausgeht, wenn die zusätzliche Deckung unter dem gleichen Vorbehalt oder mit qualifizierter Subsidiarität gewährt wird.

Martin hat daher auch zu Recht Zweifel daran geäußert, daß eine solche Klausel in aufsichtspflichtigen Versicherungszweigen genehmigt würde.[1]

Individuell vereinbart stellt eine derartig formulierte Subsidiaritätsabrede dagegen ein rechtlich zulässiges und durchaus sinnvolles Mittel dar, um zum Beispiel eine andere typischerweise konkurrierende einfache Subsidiaritätsklausel zu neutralisieren und so den Versicherer bei sonst drohenden Deckungsüberschneidungen gegen Prämiennachlaß wirksam zu entlasten.

Der Vorrang einer von zwei zusammentreffenden Subsidiaritätsabreden aufgrund eines entsprechend deutlich gewählten Wortlauts ist also denkbar und von praktischer Relevanz.

cc) Vorrang aufgrund der Interessenlage

Bei der Prüfung eines etwaigen Vorranges einer von mehreren in etwa gleichlautenden Subsidiaritätsbestimmungen aufgrund der Interessenlage muß man sich darüber

---

1) Vgl. Martin VersR 73, 693

im Klaren sein, daß nicht ein gemeinschaftliches Vertragsverhältnis zwischen allen Beteiligten, sondern zumindest ein Dreiecksverhältnis mit zwei voneinander vollkommen unabhängigen Schuldverhältnissen [1] beurteilt werden soll.[2]

Eine vergleichende Heranziehung der sogenannten Theorie des letzten Wortes für den Fall widerstreitender AGB [3] verbietet sich folglich, denn diese setzt ein einheitliches Vertragsverhältnis voraus, dessen Parteien sich gegenseitig unvereinbare Vertragsbedingungen stellen.

Die Versicherungsverträge und die in ihnen enthaltenen Subsidiaritätsabreden sind vielmehr jeweils für sich genommen auf ihren Inhalt, insbesondere ihr Verhältnis zu einer etwaig konkurrierenden Subsidiaritätsbestimmung hin zu untersuchen.

aaa) Individuell vereinbarte Subsidiaritätsabreden

Betrachtet man zunächst individuell ausgehandelte Subsidiaritätsabreden, so wird man folgendes sagen können.

Bei der Auslegung einzelvertraglich vereinbarter Bestimmungen anhand der §§ 133, 157 BGB können neben dem

---

1) Wenn zum Beispiel eine der konkurrierenden Deckungen für fremde Rechnung genommen worden ist, kann auch auf versicherungsnehmender Seite Personenverschiedenheit bestehen.
2) Darauf haben schon Flechtheim in LZ 1911 Sp. 686 und Kümmerlein in ZHR 98, 1933, 383 zu Recht hingewiesen.
3) Dabei handelt es sich um einen vielfach von der Rspr. vertretenen Grundsatz, demzufolge die jeweils zuletzt gestellte AGB nach dem Rechtsgedanken des § 150 BGB ausschlaggebend sein soll. Vgl. dazu statt vieler Ulmer-Brandner-Hensen/Ulmer § 2 Rz. 95

Wortlaut der Regelung alle konkreten Umstände, die beim Vertragsschluß eine Rolle gespielt haben, mitberücksichtigt werden. Dazu zählen unter anderem auch der Inhalt der Vertragsverhandlungen und die Prämienkalkulation.

Es sind Umstände vorstellbar, aus denen deutlich werden kann, daß die Vertragsparteien eine Subsidiaritätsbestimmung treffen wollten, die sich gegenüber einer anderen einfachen Subsidiaritätsabrede durchsetzt. Ein solcher Vertragswille liegt insbesondere nahe, wenn sich VN und Versicherer beim Vertragsschluß der Konkurrenzlage mit einer anderen Subsidiaritätsbestimmung bewußt waren, weil ein anderer subsidiärer Vertrag bereits bestand oder der Abschluß eines anderen Versicherungsvertrages, der regelmäßig eine Subsidiaritätsklausel enthält, sicher bevorstand. Ein starkes Indiz für einen beabsichtigten Vorrang ist weiterhin dann gegeben, wenn der Versicherer im Hinblick auf die wirksame Entlastung trotz einer entgegenstehenden anderen Subsidiaritätsabrede dem VN einen Prämienvorteil gewährt.

Ergibt ein Vergleich mit der konkurrierenden Subsidiaritätsabrede, daß jene zum Beispiel als Standardklausel in AVB ohne ein aktuelles Bewußtsein bezüglich einer möglichen Kollision mit weiteren Subsidiaritätsbestimmungen Bestandteil des anderen Vertrages geworden ist, darf auch bei fehlender ausdrücklicher Regelung von einem Vorrang der individuell vereinbarten Subsidiaritätsregelung ausgegangen werden.

bbb) Subsidiaritätsklauseln

Ganz anders sind Subsidiaritätsklauseln aufgrund ihres standardisierten Erklärungsinhalts zu beurteilen.

Das Gebot der objektiven Auslegung läßt bei diesen eine Einbeziehung möglicher Einzelfallumstände grundsätzlich nicht zu.[1] Hinzukommt, daß Subsidiaritätsklauseln in der Regel Vertragsbestandteil werden, ohne daß die Beteiligten dabei konkrete Vorstellungen von deren möglichen Rechtsfolgen entwickelt hätten.
Der von Moldenhauer bemühte Gedanke der Notversicherung hat bei der Auslegung von Subsidiaritätsklauseln daher wenig Aussagekraft, wenn eine derartige Qualität der Versicherung nicht in einer hinreichend deutlichen Formulierung der Klausel ihren Niederschlag gefunden hat. Die Unsicherheit einer solchen Auslegung wurde bereits in dem oben zitierten Garagenbeispiel [2] dadurch offenbar, daß Flechtheim mit einer anderen Begründung zum gegenteiligen Ergebnis gelangte.

Es kann auch kein prinzipielles Gefälle zwischen Außen- und Fremdversicherung, Fremd- und Eigenversicherung oder Inbegriffs- und Einzelversicherung bejaht werden, welches in jedem Fall zwingend für den Vorrang einer etwaigen Subsidiaritätsbestimmung in der jeweils zuerst genannten Versicherung sprechen würde.

Zwar haben sich die in der Bundesrepublik Deutschland tätigen Feuerversicherer durch eine Anerkennung der sogenannten Richtlinien über das Zusammentreffen von Fremd- und Außenversicherung [3] im Innenverhältnis zueinander vertraglich dahingehend gebunden, daß grundsätzlich der Fremd- vor dem Außenversicherer und der Einzel- vor dem Inbegriffsversicherer haften solle, und Außenversicherungen keine Subsidiaritätsbestimmungen gegenüber Fremdversicherungen enthalten dürften. Doch

---

1) Vgl. zur objektiven Auslegung von AGB S. 78 ff.
2) Siehe oben S. 158 f.
3) Vollständiger Text bei Bruck-Möller/Möller § 59 Anm. 37

diese Richtlinien haben keinerlei Außenwirkung im Verhältnis zum Versicherten.[1] Auch bliebe die rechtliche Wirksamkeit einer entgegen den Richtlinien verwendeten Subsidiaritätsbestimmung dadurch unberührt, so daß sich die Ansprüche der VN ausschließlich nach den Bestimmungen der geschlossenen Versicherungsverträge richten.

Nach dem Vorgesagten kann die Auslegung einfacher Subsidiaritätsklauseln immer nur eine einheitliche sein. Eine Vorrangstellung einer Subsidiaritätsklausel vor einer anderen Subsidiaritätsbestimmung allein aufgrund der Interessenlage kommt folglich nicht in Betracht.

b) Zusammentreffen gleichrangiger Subsidiaritätsabreden

aa) Zusammentreffen qualifizierter Subsidiaritätsabreden

Enthalten beide konkurrierenden Verträge qualifizierte Subsidiaritätsabreden, so können sich beide Versicherer, die rechtliche Wirksamkeit der Subsidiaritätsbestimmungen vorausgesetzt, auf Leistungsfreiheit berufen, denn ihre Haftung entfällt jeweils bereits durch die bloße Existenz des anderen Versicherungsvertrages. Dieses Ergebnis erscheint nur beim ersten Hinsehen untragbar.[2]

Im Bereich der Subsidiaritätsklauseln verliert das Problem kollidierender qualifizierter Subsidiaritätsbestimmungen erheblich an Bedeutung, denn solche Bestimmungen sind als vorformulierte Klauseln nur unter ganz engen Voraussetzungen wirksam, nämlich kurz gesagt nur

---

1) Martin SVR V I 28; Winter Bedarfsdeckung i. d. Sachvers. S. 44; Bruck-Möller/Möller § 59 Anm. 37
2) Vgl. Bruck-Möller/Möller § 59 Anm. 54

dann, wenn sie einen unbedingten Risikoausschluß ersetzen sollen und eine für den VN klar erkennbare Möglichkeit bieten, hinsichtlich des ausgeschlossenen Risikos konkret Prämie zu sparen.[1]

Zudem läßt die typische Interessenlage die Kollision zweier qualifizierter Subsidiaritätsklauseln als seltenen Ausnahmefall erscheinen. Bestimmte Risiken sollen in der Regel nicht völlig unversichert bleiben, sondern nur zur Vermeidung von kostenträchtigen Deckungsüberschneidungen dem gewissermaßen zuständigeren Versicherer, sei es als Spezialversicherer oder als Versicherer des Eigentümers der versicherten Sache vorbehalten bleiben.

Individuell ausgehandelte qualifizierte Subsidiaritätsbestimmungen werden sinnvoll vereinbart nur dort mit einer qualifizierten Subsidiaritätsklausel oder einer weiteren individuell ausgestalteten qualifizierten Subsidiaritätsabrede zusammentreffen, wo ein Risiko auch bei Bestehen mehrerer konkurrierender Versicherungen ungedeckt bleiben soll.
Die Gefahr einer vom VN unbeabsichtigten individuellen Vereinbarung qualifizierter Subsidiarität kann vernachlässigt werden. Die für die Annahme qualifizierter Subsidiarität erforderliche Eindeutigkeit der gewählten Formulierung läßt die aufgezeigten einschneidenden Rechtsfolgen auch für einen versicherungsrechtlichen Laien unmißverständlich erkennbar werden.

Es kann daher mit Martin [2] davon ausgegangen werden, daß die Möglichkeit der Kollision zweier qualifizierter Subsidiaritätsabreden eher theoretischer Natur ist.

---

1) Vgl. oben S. 141 ff.
2) Martin VersR 73, 699

bb) Zusammentreffen einfacher Subsidiaritätsabreden

Zu klären bleibt nach alledem der für die Praxis bedeutsamste Fall des Zusammentreffens zweier einfacher Subsidiaritätsabreden, inbesondere Subsidiaritätsklauseln, in dem sich ein offenkundiger Vorrang einer Bestimmung nicht feststellen läßt.

Wie bereits oben angedeutet, kann die Rechtsfolge der herrschenden Auffassung, nämlich die schlichte Aufhebung der Bestimmungen, nur eine Notlösung darstellen, denn sie fragt überhaupt nicht nach dem Vertragswillen der Beteiligten.

Vorrangig ist daher durch Auslegung festzustellen, ob in den einfachen Subsidiaritätsabreden eine und gegebenenfalls welche Regelung für den Fall der Kollision mehrerer solcher Bestimmungen enthalten ist.

aaa) Prüfung einer positiven Regelung für den Kollisionsfall

Die Zahl der sinnvoll denkbaren Haftungsalternativen bei einem Zusammentreffen zweier einfacher Subsidiaritätsabreden ist begrenzt. Folgende fünf Möglichkeiten stehen zur Verfügung:
Keiner der Versicherer haftet. Es haftet jeweils nur der Versicherer des Vertrages, der die ältere bzw. die jüngere Subsidiaritätsbestimmung enthält. Beide Versicherer haften im Außenverhältnis anteilig. Beide Versicherer haften als Gesamtschuldner.

Die Leistungsfreiheit beider Versicherer widerspricht dem Leistungsversprechen der Versicherer, die ihre Haftung bei einfacher Subsidiarität nicht vollkommen ausschließen wollen. Das Entfallen beider Haftungen kommt folglich als Lösungsmöglichkeit nicht in Betracht und wird - soweit ersichtlich - auch von niemandem vertreten.

Der zweiten Möglichkeit entspricht die von Martin und anderen vertretene Prioritätslösung, derzufolge immer der Versicherer allein haftet, dessen Vertrag die ältere Subsidiaritätsbestimmung enthält. Diese Auffassung basiert im wesentlichen auf zwei Argumenten. Zum einen wird das Auslegungsergebnis auf eine wirtschaftliche Betrachtung gestützt. Zum anderen spreche auch der in § 60 VVG enthaltene Rechtsgedanke für diese Prioritätslösung. Beide Argumente stellen sich indes bei näherem Hinsehen als nicht tragfähig heraus.

Die grundlegende Aussage dieser Auffassung, daß es den Parteien im Rahmen der Vertragsfreiheit möglich sei, den Deckungsumfang eines Versicherungsvertrages so zu beschränken, daß die Deckung eines früher abgeschlossenen anderen Vertrages unverändert fortbestehe, ist seit langem anerkannt[1]. An dieser Möglichkeit ändert sich auch dann nichts, wenn der Versicherer des ersten Vertrages ebenfalls nur subsidiär haften will. Es spielt keine Rolle, ob man bei der Betrachtung der Subsidiaritätsbestimmungen auf den Zeitpunkt des Versicherungsfalles, wie v. Jordan fordert, oder auf den Zeitpunkt des Abschlusses des zweiten Vertrages abstellt. In jedem Fall können die Parteien des später abgeschlossenen Vertrages im Gegensatz zu denen des ersten Vertrages auf die bereits bestehende ältere Subsidiaritätsabrede konkret Bezug nehmen und so der zweiten Subsidiaritätsbestimmung eine vorrangige Wirkung verschaffen.

Dem ersten Hauptargument Martins, eine wirtschaftliche Betrachtungsweise ergebe, daß die Parteien diese Möglichkeit auch ausschöpfen wollten, kann indes nicht in

---

1) So schon die Begründung zu den §§ 58 - 60 VVG bei Gerhard-Hagen

dieser Allgemeinheit gefolgt werden. Dies setzt nämlich einen sehr differenzierten Vertragswillen voraus. Die Parteien des zweiten Vertrages müssen Kenntnis davon haben, daß ein erster Vertrag besteht und daß dieser eine Subsidiaritätsabrede enthält. Zudem müssen sie sich über die Tragweite der anderen Subsidiaritätsbestimmung Gedanken gemacht haben, um der eigenen Subsidiaritätsabrede einen wirksamen Vorrang zu geben.

In Fällen individuell vereinbarter einfacher Subsidiaritätsabreden mögen, wie oben bereits ausgeführt, alle diese Voraussetzungen gegeben sein, so daß die Auslegung unter Einbeziehung aller vertragswesentlichen Umstände eine Priorität der jüngeren Subsidiaritätsabrede ergeben kann.

Den in der Praxis relevanteren einfachen Subsidiaritätsklauseln läßt sich dagegen ein derart detaillierter Vertragswille des Versicherers als Verwenders der Klausel nicht durch Auslegung entnehmen.
Der Versicherer gewährt die Prämiensenkung im Hinblick auf die Entlastung durch die Subsidiaritätsklausel schlechthin, also in erster Linie gegenüber solchen konkurrierenden Verträgen, die keine Subsidiaritätsbestimmung enthalten. Dies trifft für den zweiten wie für den ersten Subsidiärversicherer zu.

Diese Prämiensenkung ist auch ohne die konkrete Kenntnis des Versicherers von einer weiteren Deckung sinnvoll, denn der Versicherer kann immerhin pauschal die Wahrscheinlichkeit eines Zusammentreffens seiner Deckung mit weiteren Versicherungsverträgen berücksichtigen. Das Zusammentreffen der Subsidiärdeckung mit einem anderen Vertrag, der ebenfalls eine Subsidiaritätsbestimmung enthält, stellt dagegen eher eine Ausnahme dar, die, wenn sie dem Versicherer nicht konkret bewußt ist, bei der Prämienkalkulation kaum berücksichtigt werden kann.

Zudem kann die Frage, ob der Versicherer im Einzelfall Kenntnis von einem zeitlich vorhergegangenen Abschluß einer weiteren einfach subsidiären Versicherung hat, bei der Auslegung einer Subsidiaritätsklausel nicht berücksichtigt werden. Denn es handelt sich dabei um einen Umstand, der sich nicht unmittelbar aus der Klausel bzw. der Systematik des gesamten Bedingungswerks ergibt.
Wenn die Kenntnis des Versicherers von der anderweitigen subsidiären Versicherung im Einzelfall gegeben ist, kann die Auslegung des zweiten Versicherungsvertrages ergeben, daß Versicherer und VN den Versicherungsschutz im Wege einer konkludent getroffenen Individualvereinbarung derart eingeschränkt haben, daß die erste Subsidiaritätsbestimmung keine Wirkung entfalten kann. Der Vorrang der zweiten Subsidiaritätsklausel ist dann das Ergebnis der zusätzlichen Individualabrede, nicht aber das der Auslegung der Subsidiaritätsklausel selbst.

Wenn Martin weiter argumentiert, daß allein die Möglichkeit der Kenntnis und Prämiensenkung auf seiten des zweiten Versicherers unabhängig davon für sein Auslegungsergebnis ausreichend sei, ob im Einzelfall tatsächlich von dieser Möglichkeit Gebrauch gemacht werde oder nicht, werden die Regeln der Auslegung beiseite geschoben und der gewünschte Vertragswille fingiert.

Bei vorformulierten Klauseln ist zwar eine generalisierende Sicht geboten. Diese Betrachtungsweise soll zu einer einheitlichen Auslegung vielfach verwendeter Klauseln führen. Sie erlaubt aber deswegen nicht, allein von der Möglichkeit der Bezugnahme auf den ersten Vertrag und der Prämiensenkung im zweiten Vertrag für jeden Fall auf eine dahingehende typische Interessenlage zu schließen.
Denn wie Martin selbst ausführt, wird der Versicherer nur dann zur Gewährung eines Prämienvorteils bereit sein, wenn eine konkrete Aussicht auf eine wirkliche

Entlastung besteht. Ein beabsichtigter Vorrang der zweiten Subsidiaritätsklausel und dessen Berücksichtigung bei der Prämienkalkulation setzte deswegen eine Kenntnis des Versicherers von der anderen Versicherung und Subsidiaritätsbestimmung voraus. Wenn daher der beabsichtigte Vorrang der zweiten Subsidiaritätsklausel quasi als Gegenleistung der Prämiensenkung der typischen Interessenlage entsprechen sollte, müßte der zweite Versicherer typischerweise Kenntnis von der anderen Versicherung und Subsidiaritätsbestimmung haben.

Ein Versicherer, der eine Subsidiaritätsklausel verwendet, geht davon aus, daß sich der von ihm gewährte Versicherungsschutz in manchen Fällen mit dem anderer Verträge überschneiden wird. Aufgrund der Verbreitung von Subsidiaritätsklauseln in den aktuellen Bedingungswerken muß der Versicherer auch damit rechnen, daß seine Subsidiaritätsklausel vereinzelt mit einer weiteren Subsidiaritätsbestimmung in Konkurrenz tritt. Dieses Bewußtsein von der etwaigen Existenz eines weiteren möglicherweise auch subsidiären Vertrages haben beide Versicherer gleichermaßen und rechtfertigt deshalb die Annahme eines Vorranges der jüngeren Subsidiaritätsklausel nicht. Die Auslegung der Klausel im ersten wie im zweiten Vertrag kann insoweit nur dieselbe sein.

Für die darüberhinausgehende Annahme einer typischerweise bestehenden sicheren Kenntnis des zweiten Versicherers von der ersten Versicherung und Subsidiaritätsklausel fehlt jeglicher Anhaltspunkt. Dagegen spricht, daß der Sinn der vorformulierten und einheitlich in allen Verträgen eines Versicherungszweiges verwendeten Subsidiaritätsklauseln darin besteht, dem Versicherer eine Überprüfung der Verhältnisse im Einzelfall im Hinblick auf eine mögliche Doppelversicherung zu ersparen.

Martin schränkt seine Argumentation denn auch selbst dahingehend ein, daß sie wohl vornehmlich im Großge-

schäft mit Industriekunden, weniger aber im Massengeschäft Platz greifen könne.[1]
Es spricht einiges dafür, daß in Verträgen mit Industriekunden, die vielfach in Anbetracht der anfallenden Prämien- und Risikovolumina einen maßgeschneiderten Versicherungsschutz erhalten, die Subsidiaritätsfrage nicht durch die schlichte Verwendung starrer Subsidiaritätsklauseln, sondern individuell angepaßt an die konkreten Bedürfnisse geregelt wird, so daß sich dort das Problem kollidierender gleichrangiger Subsidiaritätsklauseln weniger häufig stellt. Im Massengeschäft kann jedenfalls nicht eine hinreichend typische Interessenlage angenommen werden, die einen prinzipiellen Vorrang der jüngeren Subsidiaritätsklausel als Auslegungergebnis rechtfertigen könnte.

Zum zweiten Argument, der Heranziehung des Grundgedankens des § 60 VVG, ist folgendes zu sagen:
Die Rechtsfolgen des § 60 VVG kann nur derjenige VN für sich in Anspruch nehmen, der beim Abschluß der Deckungen keine Kenntnis von einer entstehenden Doppelversicherung hatte. Die Heranziehung des § 60 VVG zur Begründung der Prioritätslösung verwundert daher etwas, denn sie steht in einem Widerspruch zu der zuvor erörterten Argumentation, die unter anderem darauf fußt, daß VN und Versicherer des zweiten Vertrages sich der anderen Versicherung bewußt sind.
Aber auch für sich genommen ist der Grundgedanke des § 60 VVG nicht geeignet, die Auffassung Martins zu tragen. § 60 VVG betrifft eine Vertrags- bzw. Prämienreduzierung für die Zukunft. Hier stellt sich dagegen die Frage nach der Haftung der beteiligten Versicherer in einem eingetretenen Versicherungsfall. Selbst wenn man davon ausgeht, daß die Wertung des § 60 VVG sich grund-

---

1) Martin VersR 73, 697

sätzlich auch auf die Haftungsverhältnisse übertragen läßt, so bleibt aber festzustellen, daß die Schutzrichtung des § 60 VVG nicht mit der Prioritätslösung im Einklang steht.

§ 60 VVG ist eine Ausgleichsvorschrift zugunsten des VN.[1] Hier soll sie indes im Ergebnis in erster Linie zur Begründung einer Besserstellung des zweiten Versicherers beitragen, denn der These, daß die jüngere Subsidiaritätsklausel dem VN stärker zugute kommt als die zuerst verwendete, kann nach dem Vorgesagten keine generelle Gültigkeit zugesprochen werden. Die Prioritätslösung läßt sich folglich auch nicht auf die Wertung des § 60 VVG stützen.

Zusammenfassend ist festzustellen, daß die Auslegung einfacher Subsidiaritätsklauseln keine Regelung erkennen läßt, derzufolge prinzipiell der Versicherer, dessen Vertrag die ältere Subsidiaritätsbestimmung enthält, allein haftete.

Ebensowenig ergeben sich bei der Auslegung Anhaltspunkte für eine alleinige Haftung des Versicherers mit der jüngeren Subsidiaritätsbestimmung.

Auch die nächste denkbare Konsequenz des Zusammentreffens zweier einfacher Subsidiaritätsabreden, die pro-rata-Haftung beider Versicherer, kann jedenfalls nicht als Ergebnis einer Auslegung der Bestimmungen akzeptiert werden.

Es wurde bereits dargelegt, daß eine schlüssige Begründung für einen auf Anteilshaftung gerichteten Willen der Beteiligten fehlt.[2]

---

1) Vgl. dazu oben S. 132
2) Vgl. oben S. 157

Schließlich kommt die gesamtschuldnerische Haftung beider Versicherer in Betracht.
Für eine darauf gerichtete positive Regelung findet sich indes bei der Auslegung einfacher Subsidiaritätsabreden auch kein Anhaltspunkt, denn nach dem Sinn und Zweck der Subsidiaritätsbestimmungen will jeder Versicherer nur subsidiär haften, also die Rechtsfolgen einer Doppelversicherung vermeiden.

Die Auslegung einfacher Subsidiaritätsabreden ergibt somit, daß sie für den Fall ihres Zusammentreffens mit einer gleichrangigen Subsidiaritätsbestimmung keine positive Regelung enthalten.

Im Hinblick auf einfache Subsidiaritätsklauseln ist auch kein Raum für die Anwendung der Unklarheitenregel des § 5 AGBG. Diese setzte mehrere mögliche Auslegungsalternativen voraus, von denen keine den eindeutigen Vorzug für sich beanspruchen könnte.[1]
Hier fehlt es, wie gesagt, bereits an einer auslegungsfähigen Regelung.

bbb) Interessenausgleich durch ergänzende Auslegung

Nach den bisherigen Feststellungen ist es möglich, daß einfache Subsidiaritätsbestimmungen im Hinblick auf die Rechtsfolgen eines Zusammentreffens eine unbeabsichtigte Regelungslücke aufweisen.
Gegebenenfalls kommt zur Schließung dieser Lücke eine ergänzende Vertragsauslegung in Betracht.[2]

Die ergänzende Vertragsauslegung ist ein klassisches Auslegungsmittel, welches seine Rechtsgrundlage in

---

1) Wolf-Horn-Lindacher/Lindacher § 5 Rz. 28; Ulmer-Brandner-Hensen/Ulmer § 5 Rz. 25 ff.
2) Vollmar VersR 87, 738 erwähnt u. a. diese Möglichkeit, verwirft sie jedoch ohne weitere Prüfung.

§ 157 BGB findet.[1]
Ist mit anderen Auslegungsmitteln eine vertragliche Regelung nicht darstellbar, obwohl für sie Bedarf besteht, ist im Sinne der ergänzenden Vertragsauslegung danach zu fragen, welche Bestimmung von redlichen Vertragsparteien unter Berücksichtigung des gesamten Vertragszwecks, des Grundsatzes von Treu und Glauben und der Verkehrssitte getroffen worden wäre.[2] Der hypothetische Vertragswille [3] ist nach normativen Kriterien unter dem Gesichtspunkt der Vertragsgerechtigkeit festzustellen.[4] Nicht maßgeblich ist dagegen, was die konkreten Parteien im Einzelfall aufgrund ihrer individuellen Interessenlage gewollt hätten, wenn sie sich des Regelungsdefizits bewußt gewesen wären.[5]

Eine ergänzende Vertragsauslegung ist nach herrschender Auffassung in Rechtsprechung und Literatur grundsätzlich auch bei vorformulierten Vertragsteilen zulässig, jedenfalls soweit sie der Schließung von Regelungslükken dient, die nicht infolge von Unwirksamkeit oder fehlender Einbeziehung einer Klausel entstanden sind.[6] Die Anwendbarkeit der zu § 157 BGB entwickelten Grundsätze über die ergänzende Auslegung ergebe sich aufgrund der rechtsgeschäftlichen Natur von AGB.[7]

---

1) Larenz AT § 29 I; Palandt-Heinrichs § 157 Anm. 2 a; Erman-Hefermehl § 157 Rz. 16; Soergel-Wolf § 157 Rz. 103; BGHZ 9, 278
2) Larenz AT § 29 I; Flume AT II § 16 4 a; Palandt-Heinrichs § 157 Anm. 2 a; BGHZ 9, 277; BGH NJW 78, 695
3) Larenz AT § 29 I; Medicus AT § 25 III 2 b; Palandt-Heinrichs § 157 Anm. 2 a; BGHZ 7, 235
4) Larenz AT § 29 I; Flume AT II § 16 4 a
5) Larenz AT § 29 I; Flume AT II § 16 4 a; MüKo-Mayer-Maly § 157 Rz. 40; vgl. Soergel-Wolf § 157 Rz. 131
6) Ulmer-Brandner-Hensen/Ulmer/H. Schmidt § 6 Rz. 43; Wolf-Horn-Lindacher/Lindacher § 5 Rz. 22; Erman-Hefermehl § 157 Rz. 20; Staud./Schlosser § 5 Rz. 29; MüKo-Kötz § 5 Rz. 11 f.; Soergel-Stein § 5 Rz. 10; BGHZ 79, 16, 25; 92, 363, 369 ff.; OLG Düsseldorf ZIP 81, 172 ff.
7) Ulmer-Brandner-Hensen/Ulmer/H. Schmidt § 6 Rz. 43

Dagegen wird eingewandt, daß die ergänzende Vertragsauslegung ein vorangegangenes Aushandeln voraussetze, dessen Unvollkommenheiten behoben werden sollten.[1] Da es bei einem Vertragsschluß auf der Grundlage von einseitig gestellten AGB an einem von beiden Vertragsparteien getragenen Vertragswillen fehle, sei die ergänzende Vertragsauslegung für die Fortschreibung und Präzisierung der Parteiinteressen nicht tauglich.[2] Zudem ergäben sich gegenüber der ergänzenden Auslegung von AGB grundsätzliche Bedenken. Sie stelle nämlich in Wirklichkeit eine richterliche Rechtsfortbildung dar. Die vom Richter vorgenommene Ergänzung von vertraglichen Regelungslücken sei in Fällen, in denen das dispositive Gesetzesrecht keine Regelung treffe, im Hinblick auf die Gewaltenteilung zwischen Gesetzgebung und Rechtsprechung problematisch.[3]

Die beiden Einwände stehen einer ergänzenden Auslegung vorformulierter Vertragsteile nicht entgegen. Das Erfordernis des vorangegangenen Aushandelns für die Zulässigkeit einer späteren ergänzenden Vertragsinterpretation ist nicht zwingend. Es ist nicht einzusehen, warum einseitig gestellte Vertragsbedingungen anders als gemeinsam ausgehandelte nicht die Grundlage für eine Fortschreibung der Vertragsregelung zur Schließung von Lücken bilden können. Durch die Annahmeerklärung des Vertragspartners werden die AGB Gegenstand des nunmehr mit dem Verwender geteilten Vertragswillens und somit ebenso wie ein aufgrund gegenseitiger Beiträge entstandener Vertragsinhalt grundsätzlich auslegungs- und ergänzungsfähig i.S.d. § 157 BGB.

Auch der weitere Einwand, demzufolge die Ergänzung von

---

1) Esser-Schmidt SchuldR I § 11 IV
2) Vgl. E. Schmidt ZIP 1987, 1508; Rüßmann BB 1987, 845 f.
3) Rüßmann BB 1987, 845; E. Schmidt ZIP 1987, 1509

AGB aufgrund ihrer abstrakt generellen Wirkung nicht der Auslegung von Rechtsgeschäften, sondern dem Bereich der Rechtsfortbildung zuzuordnen sei, vermag nicht zu überzeugen. Richtig ist, daß es bei der ergänzenden Auslegung vorformulierter Bedingungen anders als bei einem Individualvertrag nicht allein mit der Ausfüllung des jeweilig betreffenden Vertrages sein Bewenden haben kann. Maßgebend für die Ergänzung sind nicht die jeweiligen Parteiinteressen, sondern wie bei der Auslegung von AGB schlechthin die Interessen der typischerweise betroffenen Kundenkreise.[1] Die Vertragsergänzung bei vorformulierten Bestimmungen muß deshalb eine Regelung bieten, die der generellen Problemstellung, die sich in allen Verträgen mit der betreffenden Bestimmung ergibt, gerecht wird.[2]
Obwohl die Ergänzung von AGB danach generalisierende Züge trägt, weil typische Kriterien herangezogen werden, die möglicherweise außerhalb der jeweilig konkreten Vertragsumstände liegen, handelt es sich im Kern um die Auslegung von Verträgen.
Auch die allgemein anerkannte ergänzende Auslegung von Individualverträgen erfolgt anhand objektiver Kriterien, namentlich dem von der Frage, wie die Parteien tatsächlich gehandelt hätten, losgelösten Gesichtspunkt der Vertragsgerechtigkeit. Unter generalisierender Berücksichtigung der Interessen der typischerweise betroffenen Kundenkreise stellt die ergänzende Auslegung von AGB daher nur eine konsequente Fortführung der anerkannten Grundsätze zu § 157 BGB dar.

Eine ergänzende Vertragsauslegung ist folglich sowohl

---

1) Ulmer-Brandner-Hensen/Ulmer/H. Schmidt § 6 Rz. 44; MüKo-Kötz § 5 Rz. 12, § 6 Rz. 19; Dietlein-Rebmann § 6 Rz. 4; Erman-Hefermehl § 5 Rz. 9; Palandt-Heinrichs § 157 Anm. 2 a; Soergel-Stein § 5 Rz. 10; OLG Düsseldorf ZIP 81, 172 ff.; a.A.: Staud./Schlosser § 5 Rz. 29; Wolf-Horn-Lindacher/Lindacher § 5 Rz. 22; Bunte NJW 84, 1147 f.
2) Ulmer-Brandner-Hensen/Ulmer/H. Schmidt § 6 Rz. 44

bei individuell vereinbarten Subsidiaritätsabreden als auch bezogen auf einfache Subsidiaritätsklauseln zulässig.

(1) Anwendbarkeit und Grenzen der ergänzenden Auslegung

Das erste Erfordernis für die Anwendbarkeit der ergänzenden Vertragsauslegung besteht darin, daß die Regelungslücke von den Parteien nicht beabsichtigt ist.[1] Mit anderen Worten darf die Lücke selbst keine positive Regelung darstellen.

Bezogen auf die einfachen Subsidiaritätsabreden ist danach zu fragen, ob bei diesen Bestimmungen auf eine Regelung des Kollisionsproblems bewußt verzichtet wird. Dies ist eindeutig zu verneinen. Eine beabsichtigte Nichtregelung bedeutete, daß es im Falle des Zusammentreffens zweier einfacher Subsidiaritätsbestimmungen bei der wechselseitigen Berufung auf die Subsidiarität bliebe. Das daraus resultierende Ergebnis gänzlicher Entschädigungslosigkeit des Versicherten ist bei einfacher Subsidiarität nicht beabsichtigt.

Ferner ist überall dort kein Raum für eine ergänzende Vertragsauslegung, wo dispositive gesetzliche Regeln zur Verfügung stehen.[2]
Dies ergebe sich, so wird angenommen, zum einen daraus, daß die Parteien Gegenstände, die ungeregelt geblieben seien, in vielen Fällen stillschweigend den gesetzlichen Vorschriften überlassen wollten.[3]

---

1) Palandt-Heinrichs § 157 Anm. 2; Erman-Hefermehl § 157 Rz. 16; BGH NJW 85, 1836
2) BGHZ 40, 103; 77, 304; NJW 82, 2191; Larenz AT § 29 II; Medicus AT § 25 III 2 c; MüKo-Mayer-Maly § 157 Rz. 37
3) Vgl. BGHZ 9, 273, 277;40, 103; 77, 304; NJW 82, 2191; Larenz AT § 29 II; Medicus AT § 25 III 2 a

Zum anderen würden durch einen isolierten Blick auf den Vertragszweck die in den gesetzlichen Vorschriften enthaltenen Wertungen zu häufig unbeachtet gelassen [1], was zu einer erheblichen Beeinträchtigung der Rechtssicherheit führe. Bei gesetzlich geregelten Vertragstypen käme eine ergänzende Vertragsauslegung daher nur dann in Betracht, wenn erkennbar eine insgesamt von dem gesetzlichen Normalfall abweichende Regelung getroffen werden sollte.[2]

Eine ergänzende Auslegung von einfachen Subsidiaritätsabreden könnte aufgrund des § 59 VVG ausgeschlossen sein.
§ 59 VVG ist, wie bereits erläutert, unmittelbar nicht anwendbar, da aufgrund der Subsidiaritätsabreden eine Doppelversicherung ausgeschlossen ist.
Aber auch die in § 59 VVG enthaltene gesetzgeberische Wertung steht einer ergänzenden Auslegung nicht entgegen, weil die gesetzliche prinzipiell durch die vertragliche Regelung zurückgedrängt wird. Durch Subsidiaritätsabreden soll die Doppelversicherung mit ihren Rechtsfolgen gemäß § 59 VVG gerade vermieden werden. Einfache Subsidiaritätsabreden stellen insofern einen Beispielsfall dar, in welchem einem gesetzlich geregelten Vertragstyp, dem Versicherungsvertrag, bezüglich eines Ausschnittes - dem Verhältnis zu anderen Versicherungsverträgen - ein derart besonderes Gepräge gegeben worden ist, das einer von der gesetzlichen Regelung abweichenden Beurteilung bedarf.

Die inhaltlichen Grenzen einer ergänzenden Vertragsauslegung lassen sich schlagwortartig dahingehend zu-

---

1) Larenz AT § 29 II; vgl. Palandt-Heinrichs § 157 Anm. 2 a
2) Larenz AT § 29 I; vgl. Palandt-Heinrichs § 157 Anm. 2 a; MüKo-Mayer-Maly § 157 Rz. 38; Soergel-Wolf § 157 Rz. 114; Wolf-Horn-Lindacher/Lindacher § 5 Rz. 22; BGH NJW 75, 1116

sammenfassen, daß die Auslegung nicht im Widerspruch zum erklärten Parteiwillen stehen [1], insbesondere nicht zu einer Vertragserweiterung führen darf [2], indem Bindungen oder Rechte geschaffen werden, die vorher nicht bestanden. Außerdem darf durch die Ergänzung keine unangemessene einseitige Belastung hergestellt werden.[3]

(2) Gesamtschuldnerische Haftung als Ergebnis ergänzender Auslegung

Der Vertragswille bei einfacher Subsidiarität kann durch zwei Aussagen gewissermaßen als dessen Eckdaten gekennzeichnet werden.
Der Versicherer will subsidiär haften, also keine Doppelversicherung entstehen lassen. Dabei soll aber zugleich grundsätzlich sichergestellt sein, daß der Versicherte die vertraglich vereinbarte Entschädigung erhält, anderenfalls wäre die Klausel gem. § 9 II AGBG unwirksam.
Für den hypothetischen Vertragswillen folgt daraus zunächst, daß die Wirkung der Subsidiaritätsbestimmungen im Falle eines Zusammentreffens nicht unverändert fortbestehen kann, denn das hieße ja, daß der Versicherte von keinem Versicherer eine Leistung erhielte.

Aus dem oben bereits erwähnten Umstand, daß hier voneinander unabhängige Schuldverhältnisse zu beurteilen sind, verbietet sich bei der ergänzenden Auslegung der Verträge eine Gesamtschau. Es kann mit anderen Worten

---

1) BGHZ 12, 337, 345; 40, 104; 77, 304; NJW 82, 2191; Larenz AT § 29 I; MüKo-Mayer-Maly § 157 Rz. 46; Soergel-Wolf § 157 Rz. 126
2) BGHZ 40, 91, 103; 77, 304; NJW 82, 2191; Flume AT II § 16 4 d; MüKo-Mayer-Maly § 157 Rz. 47; Soergel-Wolf § 157 Rz. 127
3) Erman-Hefermehl § 157 Rz. 20, § 5 Rz. 9; Ulmer-Brandner-Hensen/Ulmer/H. Schmidt § 6 Rz. 44; vgl. BGHZ 12, 345; 62, 89

keine beide Verträge unmittelbar einbeziehende Gesamtlösung geben. Vielmehr ist zu fragen, welche Regelung redliche Parteien der jeweiligen Versicherungsverträge unter Berücksichtigung von Treu und Glauben getroffen hätten, um den sich aus den kollidierenden Subsidiaritätsabreden ergebenden Konflikt zu lösen.

Da die drohende Konsequenz, daß der Versicherte die zugesicherte Versicherungsleistung nicht erhält - bezogen auf jeden Vertrag - für sich nur dadurch abgewendet werden kann, daß die Subsidiaritätswirkung beim Zusammentreffen zweier einfacher Subsidiaritätsabreden nicht eintritt, kann die ergänzende Auslegung nur ergeben, daß einfache Subsidiaritätsabreden nicht eingreifen, wenn ein konkurrierender Versicherungsvertrag ebenfalls eine einfache Subsidiaritätsabrede enthält. Das Ergebnis trifft auf individuell vereinbarte Subsidiaritätsabreden wie auf einfache Subsidiaritätsklauseln gleichermaßen zu, da die generalisierende Betrachtung von vorformulierten Bestimmungen insofern keine abweichende Beurteilung verlangt.

Die Folge dieser ergänzenden Auslegung entspricht dem Ergebnis der herrschenden Auffassung. Es tritt Doppelversicherung ein. Der zahlende Versicherer kann den anderen auf Ausgleich nach § 59 II VVG in Anspruch nehmen, denn die kollidierenden Subsidiaritätsbestimmungen sind selbstverständlich einheitlich auszulegen.

Es könnte der Einwand erhoben werden, daß dieses Ergebnis im Widerspruch zu dem erkennbaren Vertragswillen stünde, Doppelversicherung zu vermeiden und daß darin eine unzulässige Vertragserweiterung liege, weil der Versicherer leisten müsse, obwohl er nur subsidiär habe haften wollen und eine weitere Deckung existiere.

Dieser Widerspruch besteht - genauer betrachtet - nur zum Schein. Aus der Sicht jedes einzelnen Versicherers

stellt sich der Schaden aufgrund der entgegenstehenden Subsidiaritätsabrede im konkurrierenden Vertrag zunächst als nicht anderweitig gedeckt dar. Somit besteht aus der Sicht jedes Versicheres auch ohne die eigene Subsidiaritätsabrede keine Doppelversicherung. In beiden Verträgen fehlt gerade für den Fall des Zusammentreffens zweier Subsidiaritätsabreden eine Leistungsbeschreibung. Folglich kann die Gefahr einer unzulässigen Ausweitung der Leistungsbeschreibung aufgrund einer ergänzenden Auslegung nicht bestehen.
Das hier vertretene Ergebnis schafft auch keine unangemessene einseitige Belastung des Versicherers dadurch, daß die Subsidiarität nicht eintritt, obwohl der VN möglicherweise um ihretwillen in den Genuß eines Prämienvorteils gelangt ist. Der Prämienvorteil wird hauptsächlich im Hinblick auf die Entlastung des Versicherers gewährt, die dann eintritt, wenn die Subsidiärdeckung mit Versicherungen, die keine Subsidiaritätsabrede enthalten, konkurriert. Es wurde bereits festgestellt, daß das Zusammentreffen zweier Subsidiärdeckungen eher die Ausnahme bildet.
Aber auch in diesem Ausnahmefall verschafft die Subsidiaritätsabrede dem Versicherer einen Vorteil. Hätte der Versicherer nämlich keine einfache Subsidiaritätsabrede in seinen Vertrag aufgenommen, müßte er in dem Fall, in dem seine Deckung mit einer subsidiären Deckung konkurrierte, den Schaden allein tragen, ohne von dem Subsidiärversicherer Ausgleich nach § 59 II VVG verlangen zu können. Enthält sein Vertrag hingegen eine einfache Subsidiaritätsabrede, so steht ihm auch bei der hier zugrundegelegten ergänzenden Auslegung der Ausgleichsanspruch aus § 59 II VVG zu.
Die Untersuchung einfacher Subsidiaritätsabreden ergibt somit, daß das Ergebnis der herrschenden Meinung nicht nur abstrakt als klarste und einfachste Lösung durch das Gebot von Treu und Glauben gemäß § 242 BGB gefordert wird, sondern auch im Einklang mit den Interessen der Beteiligten steht.

VII. Zusammenfassung der wesentlichen Ergebnisse

Im Bereich der selbständigen Subsidiaritätsabreden, d.h. derjenigen vertraglichen Subsidiaritätsbestimmungen, die anders als zum Beispiel die CIF-Schutzklausel nicht obligatorisch eine bestimmte weitere Versicherung voraussetzen, ist mit der modernen Literatur zwischen einfachen und qualifizierten Subsidiaritätsabreden zu unterscheiden.

Während die Ersatzpflicht eines qualifiziert subsidiär haftenden Versicherers allein dadurch entfallen soll, daß ein anderer Versicherungsvertrag für das betreffende Risiko besteht, hängt die Leistungspflicht des Versicherers bei einfacher Subsidiarität davon ab, ob und inwieweit der VN aus weiteren Versicherungen eine Entschädigungsleistung erlangen kann.

Die Auslegung von Subsidiaritätsabreden wird in den weitaus meisten Fällen zur Annahme einfacher Subsidiarität führen, da der Versicherer i.d.R. seine Haftung nicht vollkommen ausschließen will, sondern nur im Falle mehrfacher Versicherung eine größtmögliche Entlastung anstrebt.
Ausnahmsweise kann die Auslegung auch bei Fehlen einer entsprechenden ausdrücklichen und eindeutigen Formulierung ergeben, daß es sich um eine qualifizierte Subsidiaritätsbestimmung handelt, wenn diese Regelung im Falle mehrfachen Versicherungsschutzes an Stelle eines unbedingten Risikoausschlusses zur Vermeidung von Dekkungsüberschneidungen eingesetzt wird und der VN durch sie die Möglichkeit erhält, konkret aufgrund der Subsidiarität Prämie zu sparen.

Bezüglich der Haftung des Versicherers bei einfacher Subsidiarität ergeben sich folgende Besonderheiten:

Eine nachträgliche willentliche Aufgabe des Anspruchs aus einer konkurrierenden Versicherung durch Verzicht oder auch vorsätzliche Obliegenheitsverletzung nach dem Schadenfall ändert nichts an der zur Zeit des Versicherungsfalles eingetretenen Subsidiarität. Entfällt der anderweitige Versicherungsanspruch dagegen nach dem Versicherungsfall aufgrund von Ereignissen, die nicht aus der Sphäre des VN herrühren - wie z.B. Insolvenz des anderen Versicherers - oder jedenfalls nicht infolge absichtlichen Handelns des VN eintreten wie im Fall der nachträglichen grob fahrlässigen Obliegenheitsverletzung, lebt die zunächst nur subsidiäre Haftung wieder auf.

Einfache Subsidiaritätsabreden in Versicherungen für fremde Rechnung, inbesondere in sogenannten Kundenversicherungen greifen nicht ein, wenn der VN als Obhutspflichtiger bezüglich der versicherten Sache den Schaden zu vertreten hat. Dies ergibt sich unabhängig davon, ob man eine unmittelbare Mitversicherung eines eigenen Sachersatzinteresses des VN in Versicherungen für fremde Rechnung anerkennt oder nicht, aus dem Vertragszweck der Kundenversicherung, der u.a. darin besteht, daß der obhutspflichtige VN auch bei leichter Fahrlässigkeit vor einer Inanspruchnahme durch den Eigentümer der versicherten Sache bzw. dessen Versicherer geschützt wird. Würde der Fremdversicherer nämlich die Subsidiarität geltend machen, stünde einem Regreß des Eigentümers bzw. dessen Versicherers gegen den Obhutspflichtigen mangels Doppelversicherung nichts entgegen. Diese grundsätzliche Einschränkung der Subsidiaritätswirkung kommt ausnahmsweise nicht zum Tragen, wenn eine konkurrierende Versicherung des Eigentümers einen Regreßverzicht zugunsten des Obhutspflichtigen enthält, so daß eine Inanspruchnahme des Schadenverursachers nicht droht.

Einfache Subsidiaritätsbestimmungen sind sowohl in Gestalt von Individualvereinbarungen als auch von Klauseln zivilrechtlich zulässig. Einfache Subsidiaritätsklauseln sind insbesondere auch im Hinblick auf das AGB-Gesetz nicht zu beanstanden.

Qualifizierte Subsidiaritätsklauseln bergen die erhebliche Gefahr für den VN, aufgrund erhöhter Risikovorsorge jeglichen Versicherungsschutz zu verlieren, ohne daß ein anerkennenswertes Interesse des Versicherers erkennbar wäre, welches die einschneidenden Folgen qualifizierter Subsidiarität rechtfertigen könnte. Sie stellen daher grundsätzlich inhaltlich unangemessene Regelungen dar, die zudem gegen das Transparenzgebot verstoßen. Qualifizierte Subsidiaritätsklauseln halten schon aus diesen Gründen einer Inhaltskontrolle gem. § 9 II Nr. 1 und 2 AGBG nicht stand.

Nur ausnahmsweise können auch qualifizierte Subsidiaritätsklauseln rechtswirksam sein, wenn sie anstatt eines zulässigen unbedingten Risikoausschlusses zur Risikoabgrenzung verwendet werden und einen für den VN hinreichend deutlichen Hinweis auf die Gefahr fehlenden Versicherungsschutzes einerseits sowie die konkrete Möglichkeit der Prämienersparnis andererseits enthalten.

Einfache Subsidiaritätsklauseln enthalten keine positive Regelung für den Fall eines Zusammentreffens mehrerer solcher gleichrangiger Abreden in konkurrierenden Versicherungen. Insbesondere können weder eine pro-rata-Haftung der beteiligten Versicherer noch ein grundsätzlicher Vorrang der jüngeren Subsidiaritätsklausel als Ergebnis einer objektiven Auslegung einfacher Subsidiaritätsklauseln anerkannt werden.

Eine ergänzende Auslegung einfacher Subsidiaritätsabreden ergibt vielmehr, daß diese ihre haftungseinschränkende Wirkung im Falle eines Aufeinandertreffens nicht entfalten sollen. Nur bei diesem Verständnis läßt sich der jede der konkurrierenden Subsidiaritätsabreden gleichermaßen betreffende Konflikt bewältigen, der daraus resultiert, daß der Versicherer zum einen nur anderweitig nicht gedeckte Schäden ersetzen, zum anderen aber gewährleisten will, daß der VN die vertragsgemäße Entschädigungsleistung erhält.

VERSICHERUNGSRECHTLICHE STUDIEN

Herausgegeben von Prof. Dr. Gerrit Winter

Band 1 Maximilian Teichler: Berufshaftpflichtversicherungen. Eine Untersuchung der Berufshaftpflicht, ihrer Versicherung und deren Beziehung zueinander am Beispiel der Rechtsanwälte, Ärzte und Architekten in Deutschland. 1985.

Band 2 Burkhard Messerschmidt: Hinweis- und Belehrungspflichten des Versicherers. 1986.

Band 3 Chao-Kuo Chiang: Das Interesse im Seeversicherungsrecht. 1986.

Band 4 Michael Grebe: Die vorläufige Deckungszusage unter besonderer Berücksichtigung ihrer Handhabung in der Lebensversicherung. 1987.

Band 5 Harald Zeller: Die Deckung von Haftpflicht-Risiken im Rahmen der Seekaskoversicherung. 1987.

Band 6 Annemarie Bender: Die Rechtsproblematik der Wartezeiten in der Privatversicherung unter besonderer Berücksichtigung der Rechtsschutzversicherung. 1988.

Band 7 Gerd Kühborth: Die Obliegenheiten des Versicherungsnehmers in der Rechtsschutzversicherung beim und nach dem Eintritt eines Versicherungsfalles. 1988.

Band 8 Peter Caninenberg: Die Sportveranstaltungsausfallversicherung. 1988.

Band 9 Carsten Meyer: Der Rückkaufswert in der Lebensversicherung. Eine Untersuchung aktueller Kritik an dem Recht des Lebensversicherungsvertrages unter Berücksichtigung des AGB-Gesetzes und des Aufsichtsrechts. 1989.

Band 10 Heike Schwesinger: Versorgungsausgleich und berufsständische Versorgungswerke. 1989.

Band 11 Jens Fortmann: Die Investitionsgüterkreditversicherung. 1989.

Band 12 Hans Wille: Bedingungs- und satzungsgemäße Privilegien öffentlich-rechtlicher "Wettbewerbsanstalten" in der Gebäude-Feuerversicherung. Eine Untersuchung zum BGB, VVG, AGBG, GWB (UWG) und EWGV unter kritischer Berücksichtigung alter und neuer deutscher sowie supranationaler Judikatur. 1990.

Band 13 Ulrich Joseph: Lebensversicherung und Abtretung. 1990.

Band 14 Udo Hansen: Beweislast und Beweiswürdigung im Versicherungsrecht. 1990.

Band 15 Uwe Hamann: Die Rückdeckungsversicherung aus zivil-, versicherungs- und arbeitsrechtlicher Sicht. 1991.

Band 16 Hans-Eckhard Tribess: Die Leistungsfreiheit des Versicherers aus § 67 Abs. 1 Satz 3 VVG im Falle des Vorausverzichtes. 1991.

Band 17 Regina Testorf: Gewerbliche Schmuckversicherungen. 1991.

Band 18 Dieter Armbrust: Subsidiaritätsabreden in Versicherungsverträgen. 1991.